MW01611013

ENCUENTROS DIARIOS CON

DIOS

UN DEVOCIONAL SOBRENATURAL

GUILLERMO MALDONADO

Nuestra Misión:

Llamados a traer el poder sobrenatural de Dios a esta generación.

Encuentros Diarios con Dios

Primera Edición Octubre, 2016

ISBN: 978-1-59272-602-8

Todos los derechos están reservados por el Ministerio Internacional El Rey Jesús. Esta publicación no puede ser reproducida, alterada parcial o totalmente, archivada en un sistema electrónico ni transmitida bajo ninguna forma electrónica, mecánica, fotográfica, grabada o de alguna otra manera, sin el permiso previo del autor.

A menos que se indique lo contrario, todas las citas bíblicas han sido tomadas de la versión Santa Biblia, Reina-Valera 1960, © 1960 Sociedades Bíblicas en América Latina; © renovado 1988 Sociedades Bíblicas Unidas. Usadas con permiso. Las citas bíblicas marcadas (NVI) han sido tomadas de la Santa Biblia, Nueva Versión Internacional, NVI ®, © 1999 por la Sociedad Bíblica Internacional. Usadas con permiso. Todos los derechos reservados. Las citas bíblicas de la Biblia Ampliada, han sido traducidas de Amplified Bible (AMP) Copyright © 1954, 1958, 1962, 1964, 1965, 1987 by The Lockman Foundation.

Director del Proyecto:Andrés Brizuela
Editor Principal:José M. Anhuaman
Traducción a Inglés:Henrry Becerra
Diseño de Portada: ACVDO&Co.
Diseño Interior:José M. Anhuaman

Categoría: Oración / Crecimiento Espiritual

Publicado por ERJ Publicaciones
Ministerio Internacional El Rey Jesús
14100 SW 144th Ave. Miami, FL 33186
Tel: (305) 382-3171 – Fax: (305) 675-5770
IMPRESO EN LOS ESTADOS UNIDOS DE AMÉRICA

Índice

Introducción

La caída del hombre trajo como consecuencia que la humanidad se desviara de la intención original de Dios. ¿Y cuál era Su intención original? Que tuviéramos encuentros diarios con Él. De hecho, la Biblia nos enseña que Adán y Eva hablaban directamente con su Creador. Pero desde el momento mismo que pecaron, la comunicación se cortó, y ellos avergonzados corrieron a esconderse. Afirma la Escritura en Génesis 3:10, que cuando oyeron la voz de Dios, tuvieron miedo porque estaban desnudos y se escondieron.

A causa de la desnudez que produce el pecado, perdimos nuestros encuentros diarios con Dios. Por eso, el diablo nos oprime, enferma, empobrece y esclaviza de diversas maneras. Pero nosotros no fuimos llamados a permanecer así. Hoy Dios está llamando a todos Sus hijos alrededor del mundo, a que regresemos a Su intención original, y tengamos encuentros diarios con Él.

¿Qué significa tener un encuentro con Dios? Yo lo describo como una cita divina, donde Dios se presenta a Sí mismo, y nos introduce alguno de los atributos de Su carácter. Por ejemplo, Su paternidad, Su provisión o Su fidelidad.

¿Qué está buscando usted? ¿Desea tener una relación más íntima con Dios? ¿Tiene hambre de Su presencia? ¿Quiere caminar haciendo Su voluntad? ¿Necesita recibir un milagro? El libro que tiene en sus manos, lo llevará a tener "Encuentros Diarios con Dios", y en Su presencia, usted puede acceder a todos los recursos de Él. Aunque está hecho para servir como un devocional, éste no es un libro tradicional. Es un Devocional Sobrenatural, escrito con el propósito de guiarlo a conocer a Dios como Padre, salvador, sanador, proveedor, liberador y hacedor de milagros.

A través de "Encuentros Diarios con Dios", Él mismo lo activará en Su poder sobrenatural. Sus casi 200 páginas están cargadas de poderosas revelaciones bíblicas, testimonios frescos, activaciones y oraciones, que usted puede utilizar cualquier día del año. Además, tiene la virtud de no ser repetitivo, sino que cada vez que usted lo lea, Dios añadirá un ladrillo más a la nueva vida que Él está construyendo para usted.

Es mi deseo que, a los testimonios que aparecen en este libro, ahora se sumen los testimonios de lo que Dios haga en la vida suya, y que estos sirvan para exaltar aún más el nombre de Dios.

Apóstol Guillermo Maldonado
Ministerio Internacional El Rey Jesús

ENCUENTROS DIARIOS CON DIOS

Si este libro es de bendición para usted, su familia o su ministerio, le agradecemos que nos envíe sus comentarios. Si tiene un testimonio de lo que el poder de Dios ha hecho en su vida, puede comunicarse con nosotros al
Teléfono 305-382-3171
o escribirnos a:
http//elreyjesus.org/compartir

1

"Sus necesidades comienzan cuando su relación con Dios se rompe".

Cada vez que usted pone sus necesidades personales por encima de Dios, éstas se convierten en ídolos, y violan el principio que Jesús nos enseñó en Mateo 6:33, cuando dijo: *"Mas buscad primeramente el reino de Dios y su justicia, y todas estas cosas os serán añadidas".* La ley de las prioridades establece que, cuando ponemos a Dios en primer lugar, Él toma control y se asegura que todo esté bien para nosotros, en todas las áreas. Cada vez que ponemos algo o a alguien por encima del Señor, caemos en idolatría. Quizá usted esté pensando, "yo jamás haría eso". Permítame decirle que cada vez que deja a un lado al Señor para atender su trabajo, negocio, o estudios, le está quitando prioridad a Dios. Lo mismo sucede cuando decimos "adorar" a nuestros hijos, padres o esposos, cuando al único que debemos adorar es a Dios. Y es que muchas veces, como creyentes, nos desenfocamos de las cosas de Dios y corremos a atender primero nuestras necesidades personales. Hoy es tiempo de poner en orden nuestras prioridades y empezar a hacer la voluntad de Dios.

Observe lo que le pasó al Pastor Erik Zúñiga, de Carolina del Sur, quien relata que cuando puso en orden sus prioridades, Dios comenzó a manifestarse con mayor poder en su vida y en su ministerio.

"Había seguido al Apóstol Maldonado por Internet por mucho tiempo, y estábamos creyendo por el crecimiento de nuestra iglesia, pero nada sucedía. El año pasado Dios nos bendijo con un terreno valorado en $700 mil, que lo compramos en $250 mil. Esa fue una gran bendición, pero con esa compra prácticamente se nos acabaron los ahorros de la iglesia. Antes de terminar el año, oí una prédica del Apóstol acerca de darle prioridad a Dios y buscar Su rostro en ayuno y oración, así que puse a la iglesia a ayunar a principios de año, por 21 días. Cuando terminamos el ayuno, apareció un hombre que dijo que nos podía prestar dinero para la construcción de la iglesia. Necesitábamos entre 400 y 450 mil dólares, así que fuimos a verlo. Nos dijo: 'Vayan a ver al dueño de la constructora que es mi amigo, y pidan todo lo que quieran, y no les voy a dar 400 mil, sino que les voy a dar medio millón, y no se preocupen, no tienen que pagármelo'".

Algo parecido le ocurrió a una mujer de nuestra iglesia en Miami. Rosa relata que, al poner a Dios en primer lugar, Él comenzó a manifestarse en su vida.

"Hace más de tres años llegué a El Rey Jesús Miami, cargada de problemas. Estaba muy herida luego de haber pasado por un divorcio, que me sumió en el abandono y la desesperanza. Allí fui liberada de adicción al alcohol, las drogas y la fornicación. Dios me transformó por completo. Su fidelidad me hizo entender que debía ponerlo en primer lugar, y dejarlo que gobernara mi vida. Antes tenía un carro, pero como no pude seguirlo pagando, me lo embargaron. Después de decidirme por Dios y hacer un ayuno de tres días, alguien me "sembró" un carro, para mí y mis hijos. ¡Dios me sorprendió! Si usted es una madre soltera, no se rinda, siga creyéndole a Dios. ¡Él es fiel y real!"

ACTIVACIÓN

Como en los testimonios que hemos leído, usted también comience hoy a poner a Dios en primer lugar y a dar pasos de fe.

ORE CONMIGO

Señor Jesús, me arrepiento de no haberte dado el primer lugar en mi vida, y de haber perdido mi relación contigo. Hoy, hago el compromiso de buscar tu rostro, cada día. Quiero ir por encima y más allá de mis límites, y orar en todo momento sin cesar. Duplicaré mi tiempo de oración: si antes oraba media hora, a partir de hoy oraré una hora. Ayunaré al menos un día a la semana, porque quiero escuchar Tu voz y estrechar mi relación contigo Jesús. ¡Te amo Jesús!

2

"En el ámbito del espíritu, el pecado es considerado una 'fuerza de gravedad' espiritual".

Hebreos 12 nos llama a despojarnos de todo peso del pecado que nos asedia, para que podamos correr la carrera que tenemos por delante. Cuando el pecado es nuestro estilo de vida, se convierte en un peso que arrastra nuestra alma, cuerpo y espíritu hacia el abismo. No podemos alabar ni adorar a Dios porque sentimos una carga sobre nuestros hombros; es como una fuerza de gravedad extraña y maligna que nos hunde. En 2 Samuel 24:10 David da la orden de censar al pueblo, y eso *"le pesó en su corazón"* y *"desagradó a Dios"* (1 Cr. 21:7).

¿Está sintiendo la fuerza de gravedad del pecado? Lo primero que debe hacer es reconocer su falla delante de Dios. No importa qué tan grande haya sido su falta, hoy lo llamo a soltar esa carga que no lo deja avanzar. Lo invito a correr al altar, pedir perdón y perdonar, dejar sus cargas al pie de la cruz, y allí encontrar sanidad, porque el pecado aflige el alma. Suelte esa carga. Rompa esa "fuerza de gravedad espiritual".

Alana Maximin, de Trinidad, llegó a experimentar todo el peso del pecado, pese a haber nacido en un hogar cristiano. Éste es su testimonio:

"Hasta que cumplí 30 años nunca había visto un cambio en mi vida. De niña acostumbraba ir a la iglesia y sentarme en el mismo banco desde donde miraba el reloj. Había escuchado la misma prédica una y otra vez, y no le hallaba significado. A los 22 años me fui de casa. Conocí a un tipo con quien viví por 6 años, y con él empecé a beber y hacer cosas obscenas, hasta que contraje cáncer de cuello uterino a través de relaciones sexuales sin protección. Olvidé mi valor y traté de suicidarme. Todos esos años mi madre oraba por mí, pero yo era terca y no quería escuchar consejos. Esa relación terminó terriblemente y quedé desesperada. Fui a casa a ver a mi madre, y ella oró por mí y me invitó a El Rey Jesús. Fui a la iglesia por complacerla, pero al primer incidente me alejé completamente de Dios y me fui de nuevo al mundo, haciendo lo que mi carne deseaba. Le pedí a Dios que me diera un trabajo, y me lo dio, pero seguí mintiéndole a Dios, prometiéndole que iba a ir a la iglesia, pero nunca lo hice. En Halloween del año pasado, fui a una fiesta de disfraces al aire libre en Coconut Grove, al sur de Miami, y allí estaba un equipo de evangelistas de El Rey Jesús. Al principio rehusé oírlos, pero luego dije: 'Está bien Dios, Tú debes querer decirme algo, así que voy a escuchar'. Uno de los jóvenes, llamado Pascal, comenzó a profetizarme y empecé a llorar, porque Dios me convenció de mi pecado. Así que me volví a mis amigos y les dije: 'Yo no sé ustedes, pero yo no puedo estar más aquí'. Esa noche tomé la decisión de dejar las cosas del mundo. Ese domingo volví a "casa", a mi iglesia, con mi madre, donde Dios sanó mi corazón y me liberó de rebelión. Me bauticé, empecé a diezmar y a seguir la dirección de Dios, y Él comenzó a prosperarme. De manera sobrenatural me sanó del cáncer de cuello uterino, y hasta pagó la deuda de gastos médicos".

ACTIVACIÓN

Hoy Dios quiere que usted también se despoje del peso espiritual que produce el pecado.

ORE CONMIGO

Padre celestial, vengo delante de ti reconociendo que soy un pecador. Me arrepiento de mi pecado y arranco de mi vida todo peso espiritual que no me deja vivir en libertad. Rompo todo pacto que hice con el mundo y con la carne, y hago un pacto nuevo con Jesucristo, el Hijo de Dios, para vivir en santidad y libertad, hasta el fin de mis días. Amén.

3

"Rendirse al Espíritu es dejar que Dios sea Dios".

Hay problemas, cargas y yugos con los que luchamos cada día. Sin embargo, Dios nos dice en el Salmo 46:10 *"Estad quietos, y conoced que yo soy Dios".* Lo opuesto de rendirse a Dios es vivir cargado, luchando sin descanso y estresado por las presiones de la vida, pero cuando le damos nuestros problemas al Señor, nos aquietamos y entramos en Su descanso. Mateo 11:28 dice, *"Venid a mí todos los que estáis trabajados y cargados, y yo os haré descansar".* ¿Cuál es el momento en que uno descansa? Cuando deja de luchar en sus propias fuerzas; cuando suelta las cargas y se rinde a Dios. Hoy puede comenzar a descansar, haciendo esta sencilla oración: "Señor, yo no puedo arreglar este problema en mis fuerzas, así que lo suelto y lo dejo en Tus manos". Cuando usted suelta las cargas, su alma descansa. Al rendirse a Su voluntad, usted permite que Él intervenga en sus problemas. Hoy, Dios quiere enseñarnos a descansar en Él, así que mientras le servimos y le adoramos, Él trabajará a nuestro favor. Dios es especialista en hacer las cosas que a nosotros nos parecen imposibles.

En Miami, una familia completa se estaba destruyendo debido a las presiones del negocio. Lo que parecía una bendición los estaba llevando a vivir una verdadera tragedia. Javier Flores y su esposa Marita, los propietarios de la cadena de restaurantes "Aromas del Perú", testifican que su negocio había crecido tanto en tan poco tiempo, que estaban siendo consumidos por las presiones que enfrentaban. Javier nos cuenta:

"Estaba pasando por un período de mucho estrés y presión. Trabajar en un restaurante conlleva un gran consumo de energía y vivir en constante presión. Debido a eso, discutía frecuentemente con mi esposa y no les prestaba atención a mis hijos. Simplemente, no tenía tiempo para ellos. El estrés había abierto puertas para que un espíritu de división entrara a mi casa. No había comunicación entre nosotros ni relación como pareja. Las pocas veces que salíamos, terminábamos discutiendo por el trabajo. Mi esposa, que es la copropietaria de la empresa, vivía absorbida en el negocio, teniendo que lidiar con los empleados, la cocina, los clientes, las compras, el pago de facturas y, además, con nuestros hijos. Llegó un momento en que teníamos todo, menos paz. Llegué a vender uno de los restaurantes para ver si así mejoraba nuestra relación, pero nada ocurrió. Entonces comprendí que a veces uno puede tener un buen trabajo o un buen negocio, pero no tener tiempo para disfrutar sus logros. Un día, alguien nos invitó a El Rey Jesús, y aquí encontramos descanso en la presencia de Dios. A través de las prédicas del Apóstol Maldonado aprendimos a soltar las cargas que nos agobiaban, y cuando decidimos dejar que Dios sea Dios, hallamos paz y Él restauró nuestro matrimonio. Ah, y nuestros negocios marchan bien, porque todo se los entregamos al Señor. ¿Qué hicimos? Orar sin cesar. Comenzamos a declarar la perfecta voluntad de Dios sobre nuestros negocios y nuestra casa. Le rendimos nuestra vida a Dios, y Él actuó".

Activación

Cualquiera sea el problema que lo está agobiando, en este día Dios quiere que usted deposite todas sus cargas al pie de la cruz, y camine en libertad.

Ore conmigo

Señor Jesús, me arrepiento por haber intentado hacer todas las cosas en mis propias fuerzas. Te pido perdón por no haber permitido que actúes en mi vida. Me rindo a Tu Santo Espíritu y, a partir de este momento, dejo que Tú seas Dios en mi vida. Hoy hago el compromiso de amarte y servirte con todo mi corazón. Gracias Jesús. Amén.

4

"Entramos a mayores dimensiones de fe a través de la confianza".

L os israelitas confiaban en Dios. La confianza es un elemento espi- ritual que nace del corazón y se basa en una relación donde ambas partes se conocen íntimamente. La fe, en cambio, es la habilidad que Dios le da al hombre para trascender el ámbito natural y alcanzar la eternidad. Si Dios hubiese querido que el hombre sólo viviera en la dimensión natural nunca le hubiese dado fe. Confianza y fe son dife- rentes. La confianza representa nuestro "caminar" con Dios, la manera como lo amamos, obedecemos y vivimos para Él. Cuando confiamos en Dios, descansamos seguros en Su carácter, integridad y fidelidad. Si decimos que tenemos relación con Dios, pero no confiamos en Él, nos engañamos a nosotros mismos. Muchos son fuertes en la fe, pero débiles en la confianza. Por ejemplo, creen que Dios hará el milagro, pero si éste no se manifiesta rápido, abandonan. Abraham, el padre de la fe, supo confiar en Dios y esperar lo que Él le había prometido. ¡Y Dios cumplió!

Muchas veces creemos que Dios tarda en atender nuestras peticio- nes, sin embargo, Dios nunca llega tarde; el tiempo de Dios es perfecto. El pastor Abraham Lankford, tuvo una experiencia con Dios, donde no solo su fe fue probada, sino también su confianza. Este es su relato:

"Hace 18 meses mi esposa y yo viajamos a Miami por primera vez. Nuestros dos primeros hijos habían muerto de una enfermedad genética. El primero murió hace seis años, y hacía dos años que había muerto el segundo. Pero seguimos confiando en Dios, y Él nos había bendecido con tres hermosos hijos más. Sin embargo, nuestro corazón anhelaba más. Llegamos a Miami porque alguien tomó de su tiempo para compartir con nosotros, y nos regaló el libro *"La Gloria de Dios"*. Hasta entonces yo no sabía quién era el Apóstol Maldonado; yo era Bautista. De pronto me encontré rodeado de milagros. Recuerdo que le dije a Dios: "No entiendo esto, pero me gusta y quiero más". Entonces me vi llorando y clamando a Dios por más. Algo estaba sucediendo. Era el amor sobrenatural de Dios invadiendo ese lugar. Mi esposa y yo habíamos estado orando durante 15 años por un padre espiritual, y de pronto Dios me pone en ese lugar. Así que solo me arrodillé y por 45 minutos clamé: "¡Te amo, querido Dios!" Unos días antes, en un servicio de jóvenes, el Apóstol Maldonado sin conocerme me sacó de entre la multitud y me dijo: 'Venga aquí, la presencia de Dios está sobre usted'. He visto el video en YouTube unas cien veces, y recuerdo que el Apóstol declaró con precisión: 'Usted le ha dicho a Dios, ¡Quiero más de Ti!', y eso solamente lo sabíamos Dios y yo, nadie más. También me dijo que Dios me había llevado a ese lugar para ser un hijo de esa casa. Estoy tan feliz y agradecido con Dios porque al fin tengo un padre espiritual, una familia, y juntos estamos transformando la ciudad".

ACTIVACIÓN

Como este pastor, usted también entre a mayores dimensiones de fe por medio de la confianza que produce la relación íntima con Dios. Él le hablará, y cuando lo haga, testifique de lo que Dios hizo, y dele gloria.

ORE CONMIGO

Padre celestial, hoy entro a mayores dimensiones de fe a través de la confianza que produce mi relación íntima contigo. Enséñame a dar pasos de fe, a confiar más en Ti, y a saber esperar lo que me has prometido. Sé que Tú cumplirás. ¡Te amo Dios; quiero más de Ti!

5

"Cuando Dios llama a alguien para un propósito inusual, lo saca de su ámbito usual".

E l ambiente en que vivimos puede hacer difícil nuestra transición a una nueva dimensión. Por eso, cuando Dios llama a alguien para un propósito inusual, lo saca de su ámbito usual. Esto le pasó a Moisés; el Señor lo necesitaba, por eso tuvo que sacarlo de la comodidad del palacio de Faraón y llevarlo al desierto para que pudiera regresar a liberar al pueblo de Israel del yugo de Egipto (Ex. 3). Poniendo todo en perspectiva, yo diría que lo mismo sucedió conmigo. Dios tuvo que sacarme de una pequeña ciudad de Honduras, Centro América, y llevarme a través de un proceso de transformación, para que yo pudiera regresar trayendo el poder sobrenatural de Dios a esta generación; haciendo lo que Jesús hizo: enseñar, predicar, sanar a los enfermos y echar fuera demonios. Miles en Estados Unidos, Latinoaérica, Europa, India y Medio Oriente, ahora son testigos del poder sobrenatural de Dios, porque cuando Él nos llama para un propósito inusual, nos saca de nuestro ámbito habitual.

A una pareja de Texas le ocurrió esto. Ella era trabajadora social; él pertenecía al Departamento de Policía de El Paso, hasta que Dios los llamó para un propósito inusual. Este es el testimonio de quien ahora es la Apóstol Patty Valenzuela:

"Conocí a Dios a los 19 años; estaba tan agradecida por lo que Él había hecho, que estaba dispuesta a servirle. Un par de años más tarde me gradué de Trabajadora Social. Tenía un buen trabajo con buena paga y podía ayudar a la gente. Poco después conocí a quien sería mi esposo; él trabajaba en el departamento de policía de El Paso. Entonces sentí el llamado de Dios con fuerza, y con el consentimiento de mi esposo dejé mi trabajo secular, y comencé a liderar a los jóvenes en la iglesia de mi padre.

"Aunque mi esposo y yo hoy en día pastoreamos una iglesia próspera, la transición de dejar de pastorear jóvenes para pastorear adultos, y la forma de ver las cosas de un agente de policía, no dejaron de traer turbulencia a nuestra relación. Mi esposo jamás imaginó que sería pastor de una iglesia, pero cuando se retiró del departamento de policía, tras 20 años de servicio, también atendió el llamado de Dios.

"Algo que mi esposo y yo anhelábamos desesperadamente era tener la bendición y cobertura de unos padres espirituales. Fue en marzo de 2013, después de mucha oración y ayuno que el Ministerio Internacional El Rey Jesús nos dio cobertura. El Apóstol Guillermo Maldonado y la Profeta Ana Maldonado se convirtieron en nuestros padres espirituales. Entonces, nuestra iglesia pasó de 200 personas en 2012 a 1,400 miembros, y sigue creciendo.

"La impartición y activación en evangelismo que recibimos de El Rey Jesús fue sobrenatural. Hoy, con frecuencia, nuestros grupos de evangelismo visitan los hospitales y vacían las salas de emergencias. Muchos reciben sanidad, liberación de opresiones, milagros financieros y hasta restauración familiar. Ahora, estamos buscando comprar otro edificio, porque el actual ya nos queda pequeño".

ACTIVACIÓN

Quizá Dios lo está llamando para un propósito inusual, y usted se ha negado. Hoy es tiempo de abandonar su comodidad. Algo más, la edad ni el sexo pueden limitarlo. Abram tenía setenta y cinco años cuando Dios lo llamó a dejar su casa y su parentela.

OREMOS JUNTOS

Señor Jesús, hoy reconozco que he venido huyendo de la gran comisión que Tú nos diste. Me arrepiento de no haber atendido Tu llamado, y a partir de hoy, hago el compromiso de servirte fielmente el resto de mi vida. No tengo que ser necesariamente un predicador, pero donde quiera que vaya anunciaré el evangelio del Reino y me convertiré en un ganador de almas para Cristo. Acepta hoy mi compromiso Señor. Amén.

6

"Jesús nos redimió para poder expresarse a través de nosotros".

Jesús no lo salvó a usted solo para que fuese salvo; Él lo hizo para que usted guíe a otros a la salvación. Jesús lo liberó para que usted se convierta en un liberador. Él lo sanó porque quiere usar sus manos para sanar a otros. Él anhela expresarse a través de nosotros. Somos el templo del Espíritu Santo; somos Sus manos y Su boca para bendecir a Su pueblo. La bendición que nos ha dado no es para quedarnos asombrados; es para ir y hacer con los demás lo mismo que hicieron con nosotros.

Jesús no puede visitar a los enfermos, presos ni desamparados, a menos que use el cuerpo suyo o el mío; tampoco puede sanar al quebrantado de corazón o al deprimido, porque quiere expresarse a través de nosotros. La gente nunca verá a Jesús excepto través de nosotros. Ahora que Dios nos ha restaurado, que nos ha dado Su poder sobrenatural y nos ha ungido para ir en Su nombre, ¡tenemos que ir! Jesús servía a la gente, y Él no ha cambiado, pero ahora opera a través de nosotros.

Dios usa personas de todas las edades, raza y profesiones; no solo a los pastores. Veamos el testimonio de la doctora Lizzeth Mireles Marroquín, de México.

"En enero de 2012 yo estaba muy enferma; me hicieron estudios de laboratorio y ultra sonido, y me dijeron que solo tenía un riñón. Caí en gran depresión, porque como médico, sé las consecuencias de tener un solo riñón. Además, tenía fiebre y presión arterial alta, lo cual implicaba infección; sabía que podía morir. Una amiga me invitó a una conferencia de Déboras en Miami. Cuando llegamos a la iglesia El Rey Jesús, me impresionó ver tantas mujeres orando juntas. En ese momento sentí por primera vez la presencia de Dios. Cuando la Profeta Ana predicó, me adueñé de la palabra de sanidad y sentí un hormigueo por todo el cuerpo. No sé cómo explicarlo, pero yo sabía que Dios me había dado un riñón nuevo. Cuando regresé a México, me hice nuevamente todas las pruebas de laboratorio y otro ultrasonido, y confirmé que ¡Dios me había dado un riñón nuevo!

"En la conferencia me enteré que el Apóstol y la Profeta iban a ir con un grupo a Israel y aunque no tenía el dinero, Dios proveyó para que viajara con ellos. En Israel, el Apóstol Maldonado se enfocó en el poder de la resurrección de Jesús. Entonces, la obra terminada de Cristo en la cruz empezó a tener sentido.

"De regreso a mi trabajo en el hospital, un día llegó a emergencias un niño clínicamente muerto. Mis colegas dijeron que ya no había nada más que hacer, pero yo recordé lo que Dios me había dicho, que mis manos tenían vida. Así que toqué el pie del niño y declaré vida en él, e inmediatamente el corazón del niño empiezo a latir. Los médicos reconocieron que ése era un milagro. Unos trataban de encontrar una razón lógica y científica pero no la hay. ¡Dios revivió al niño!

"Ahora sé que tengo un propósito en mi vida. Ser médico es un llamado de Dios; desde el hospital Dios puede usarme para sanar a los enfermos y evangelizar a médicos, enfermeras, pacientes y sus familias. La sanidad sobrenatural sirve para glorificar a Dios, demostrar que Jesús sigue vivo, y que Su poder es verdadero. Para llegar a esta revelación Dios me sanó y transformó totalmente mi mente".

ACTIVACIÓN

Quizá usted no es médico, pero quiere que Dios use sus manos para sanar a otros. Hoy es el día de activar esos dones.

ORE CONMIGO

Señor Jesús, vengo delante de Ti porque quiero ser usado como una extensión de Tus manos, Tus pies, y todo Tu cuerpo, para tocar a quienes más te necesitan. Activa en mí los dones de sanidad y liberación, porque quiero servirte con amor. Tú me salvaste para poder expresarte a través de mí. ¡Usa mi vida Señor Jesús!

7

"La gracia sobrenatural empieza donde la fuerza humana termina".

Gracia es la habilidad dada por Dios para hacer lo que no podemos hacer en nuestras propias fuerzas, y ser lo que no podemos ser. La gracia es para los humildes, para quienes reconocen que necesitan a Dios. Si piensa que todo lo puede hacer solo, que tiene sabiduría y habilidad, entonces nunca recibirá gracia sobrenatural. La gracia solo viene cuando se humilla y reconoce que no puede mover la montaña que se levanta ante usted. Cuando actuamos sin la gracia de Dios, operamos bajo la ley, tratando de hacer las cosas en nuestras propias fuerzas y, en consecuencia, trabajamos la maldición. Cuando usted dice: "Señor, no lo puedo hacer en mis fuerzas, pero me humillo y reconozco que Tu gracia es más que suficiente para salir adelante en este asunto", en ese mismo momento la gracia de Dios comienza a actuar en su vida. La gracia sobrenatural nos da acceso a lugares, cosas y personas, pero también nos da poder sobrenatural para actuar. Pregunto: ¿Está dispuesto hoy a comenzar a caminar en la gracia sobrenatural de Dios, o quiere seguir luchando en sus propias fuerzas?

La nicaragüense Joana Hernández tuvo que pisar fondo para entender que necesitaba la gracia de Dios para salir del atolladero donde había caído. Éste es su testimonio:

"Mi padre era pastor y fue asesinado cuando yo apenas tenía dos años. Eso creó en mí falta de perdón y crecí con resentimiento. Un día me puse tan violenta que tomé un cuchillo y fui contra mi propio hermano. La corte ordenó que no me acercara por mi casa, y me vi obligada a vivir en un lugar y otro; hasta llegué a vivir en las calles. Una mañana, cuando tenía 15 años, mi madre se paró a orar como de costumbre, sin saber en realidad por qué oraba. Diez minutos más tarde recibió una llamada de la policía, diciéndole que me habían encontrado tirada a un lado de una carretera, sin vida. Había tomado una sobredosis de Xanax. Cuando recuperé el conocimiento no recordaba nada de lo que había pasado. Me desperté en el hospital, con contusiones por todo el cuerpo. Los médicos dijeron que fui violada y abusada por más de una persona. Después de eso mi vida continuó en una espiral, sirviendo al pecado y sin control. Hasta que un día agredí a mi madre. Cuando vi las marcas de los golpes, y el dolor en su rostro, supe que tenía que salir de ese hueco donde había caído. Estaba desesperada, quería cambiar, pero reconocía que sola no lo podía lograr. Días después, en el supermercado, una mujer se me acercó y Dios la usó para hablarme. Me dijo con detalles lo que estaba pasando en mi vida. Le pregunté, ¿cómo sabía ella eso? Y me dijo que el Espíritu Santo se lo había revelado. Me invitó a ir a El Rey Jesús, así que fuimos un domingo por la noche. Me senté en la parte de atrás; completamente herida, destruida y sola. Apenas el Apóstol Maldonado empezó a predicar comencé a manifestarme. Había cosas que salían de mí, que yo misma no sabía que estaban allí. Ese fue el comienzo de mi liberación. Desde entonces, Dios ha seguido tratando conmigo, y ahora soy una persona diferente. Un encuentro con el Dios vivo me liberó de 26 años de esclavitud. ¡Hoy, mi corazón está sano, para la gloria de Dios!"

Activación

Usted no tiene que tocar fondo para reconocer que necesita a Dios. Es tiempo de pedir que Su gracia sobrenatural venga ahora y lo rescate.

Ore conmigo

Padre celestial, reconozco que he intentado vivir mi propia vida y hacer mi propia voluntad, y en todo he fracasado. Hoy vengo ante Ti, y clamo que Tu gracia sobrenatural venga sobre mi vida. No quiero seguir siendo el mismo de antes. Me humillo ante Ti porque sé que Tu gracia es más que suficiente para superar cualquier problema, por grande que parezca. ¡Cámbiame Señor!

8

"El primer paso para ser un discípulo de Jesús es negar nuestro ego".

E n Lucas 9:23 Jesús nos da la clave para convertirnos en uno de sus discípulos, cuando dice: *"Si alguno quiere venir en pos de mí, niéguese a sí mismo, tome su cruz cada día, y sígame".* En pocas palabras, Jesús nos manda morir a nuestro ego, nuestro orgullo, nuestra naturaleza pecaminosa y nuestra carne. Tenemos que decir "no" a lo que queremos, pensamos y deseamos. Dios quiere hacer maravillas con nosotros, pero hay un conflicto entre nuestro ego y la voluntad de Dios. Así que en el momento que usted diga, "No voy a hacer mi voluntad, sino la de Él", en ese mismo momento Dios desata Su gracia y Su poder, para ayudarlo a cumplir su propósito.

Mientras predicaba por el desierto y en las ciudades, miles siguieron a Jesús, pero Él solo discipuló a 120, envió a 70, sus discípulos personales fueron 12, los más cercanos apenas tres, y solo uno permaneció al pie de la cruz. ¿Todavía quiere ser un discípulo de Jesús? Entonces, dé el primer paso: ¡Niéguese a sí mismo!

Antes de convertirse en discípulo de Cristo y líder en El Rey Jesús, Antonio Pulido tuvo que morir a su fuerte deseo de andar en pandillas y consumir drogas. Conozca su testimonio:

"Antes de venir a El Rey Jesús, mi vida parecía un choque de trenes. Usaba drogas y pertenecía a una pandilla. A los 16 años comencé a vender drogas y aspiraba a ser rapero. Mis metas en la vida eran drogarme y escribir música. Afortunadamente ese no era el plan de Dios. En un momento difícil de mi vida, uno de mis amigos que comenzó a ir a ERJ me llamó y me habló de Jesús. No lo escuché, porque sólo quería volver a drogarme. Entonces mi vida se derrumbó; me quedé sin trabajo, no pude seguir vendiendo drogas, estaba sin dinero y me desesperé. En lugar de ir ante Dios me decidí por la wicca. Empecé a leer libros sobre hechizos para ganar dinero. Mientras tanto, para que funcionara el encantamiento, empecé a escoger un dios, siguiendo las instrucciones del libro. Cuando vi la lista de dioses que podía elegir, una repugnancia se apoderó de mí. Recordé cuando de joven mis padres me llevaban a una iglesia cristiana. De pronto, un pensamiento vino a mi mente y me dije, por qué busco un dios que no conozco, en lugar de pedirle al Dios que ya conozco. Entonces oré: 'Dios creador del universo, dame respuestas'. En ese momento Dios me habló diciendo: 'Llama a Héctor y ve a la iglesia'. Héctor era el amigo que me invitó a ERJ. Pensé que estaba loco, pero para quedar bien con la voz, llamé a Héctor y le pregunté si podía ir con él a la iglesia. Ese mismo día me reconcilié con Dios; entonces me di cuenta que tenía que morir a mis deseos para que Dios cumpliera Su propósito. Renuncié a las drogas, las mujeres y todo tipo de pecado; hice a un lado mis deseos de hacer música para el mundo y Dios comenzó a bendecirme. Ahora escribo música para Él, y debido a que le entregué cada área de mi vida a Cristo, he sido totalmente restaurado. Tengo paz, trabajo para el reino de Dios, soy líder de Casa de Paz, y me gozo ayudando a otros y viendo vidas restauradas".

ACTIVACIÓN

Como vimos antes, el primer paso para ser un discípulo de Jesús es negar nuestro ego, crucificar la carne y el viejo hombre. Hoy, al salir a la calle, asegurémonos de ir tras las huellas de Jesús.

ORE CONMIGO

Señor Jesús, te pido perdón por no haber tomado mi cruz para seguirte. Me arrepiento de no morir al ego, al orgullo y a la naturaleza pecaminosa. Hoy me levanto y comienzo a dar pasos hacia Ti. Desata hoy Señor Tu gracia y Tu favor, para que pueda yo cumplir Tu propósito. Amén.

9

"Jesús se conformó a nuestra imagen para que seamos transformados a Su semejanza".

En la cruz ocurrió un intercambio: Jesús nos dio todo lo que le pertenece como Hijo de Dios, más las bendiciones por caminar en obediencia; nosotros, a cambio, le dimos nuestras rebeliones, maldiciones y castigos a causa de nuestra desobediencia. Él cargó con el pecado de toda la humanidad, para que recibiéramos Su semejanza y fuéramos transformados a imagen del Padre. Dice la Biblia que *"Al que no conoció pecado, por nosotros lo hizo pecado, para que nosotros fuésemos hechos justicia de Dios en él"* (2 Co. 5:21).

En el principio, la humanidad fue creada a imagen y semejanza de Dios. Imagen es el parecido que heredamos de nuestro creador a través de los genes divinos. La semejanza nos lleva a pensar, creer y actuar como Él. Por tanto, la mente original del hombre era un reflejo de la de Dios, que trabaja asociada al poder sobrenatural. Así que, los primeros humanos manifestaban la voluntad de Dios en la tierra. Sin embargo, a causa de la rebelión y la desobediencia, perdimos la mente divina, y nuestro espíritu fue desconectado del ámbito eterno. Cuando Cristo murió en la cruz restauró nuestra imagen, y fuimos transformados a Su semejanza.

El testimonio de Cheuk Lau, un joven estudiante de Hong Kong, nos ilustra cómo es posible ser transformado a la imagen y semejanza de Dios.

"Yo nací y me crié en Hong Kong. Llegué a California como estudiante internacional, y me llevaron a vivir con una familia que pertenecía a El Rey Jesús, donde empecé a conocer al Dios verdadero. En Hong Kong solía ir a una iglesia bautista, pero nunca había experimentado nada sobrenatural, nunca había visto un milagro, nunca fui testigo de una transformación sobrenatural en la vida de alguien. Jamás había tenido un encuentro con el Dios Todopoderoso que produce milagros, señales y maravillas. Como resultado de eso, me sorprendí por completo cuando comencé a experimentar lo sobrenatural por primera vez. Sin embargo, ése fue apenas el comienzo de lo que Dios quería hacer conmigo, y el inicio de mi crecimiento espiritual. Allí fui entrenado y equipado, y ahora soy líder de una Casa de Paz, y estoy llevando el poder sobrenatural de Dios a mi país. Sé que he sido llamado para provocar cambios en el mundo, en el nombre de Jesús. Sin embargo, el milagro más impactante en mi vida es el que Dios sigue haciendo en mí. Él me liberó de opresiones y paradigmas; de ansiedad y depresión. Un día, Dios me mostró en una visión que en mi familia prevalecía una maldición generacional de suicidio. Después de ser liberado la maldición se rompió, y ahora soy libre. Antes vivía atado y no conocía mi identidad como hijo de Dios, pero ahora sé que Él me ha transformado por completo a Su imagen y semejanza".

ACTIVACIÓN

Cuando recibe revelación de la verdad de Cristo, su imagen comienza a cambiar (recuerde que un hijo hereda los genes de su padre). Al mismo tiempo, empieza a semejarse a Él en su forma de pensar, creer y actuar.

ORE CONMIGO

Señor Jesús, te pido perdón por mi vana manera de vivir. A partir de hoy abandono la vida de pecado, pasividad, carnalidad, egoísmo e idolatría, y comienzo a ser transformado a Tu imagen y semejanza. Mi cuerpo, mi mente, mis palabras y hasta mi forma de actuar reflejan el ser divino que Tú creaste con Tus propias manos. ¡Gracias Jesús!

10

"Lo que cambia a una persona no es el tiempo que pasa en la iglesia, sino el tiempo que pasa en la presencia de Dios".

Muchos creyentes presumen del tiempo que llevan como cristianos, de la denominación a la pertenecen, o de la iglesia a la que asisten. Sin embargo, nuestro caminar cristiano no depende de nada de eso. La pregunta es, ¿cuánto tiempo ha estado en la presencia de Dios? La iglesia en sí no cambia a nadie, pero si tenemos comunión diaria con el Señor, diariamente vamos a cambiar. Algunos llevan meses en la iglesia, y otros llevan años, pero puede que los nuevos sean más maduros que los viejos, porque constantemente buscan Su presencia.

No nos hacemos semejantes a Jesús por ser disciplinados, por orar, diezmar o ir a la iglesia los domingos. Todas estas cosas son buenas y debemos practicarlas, pero lo que nos cambia es un encuentro sobrenatural, cara a cara con Dios. Conocer a Dios es tener una experiencia con Él; es más que estudiar teología o conocerlo por comentarios de la gente. Si está expuesto a la presencia de Dios, usted cambiará. Hoy Jesús le invita a pasar más tiempo en Su presencia. ¿Qué le responderá?

Kevin Madrigal le dijo sí al amor de Dios y en un instante su vida fue transformada. Comparto su testimonio porque ilustra la forma cómo Dios nos puede cambiar:

"Cuando tenía un año de edad, mis padres se divorciaron y yo crecí con mi abuela en Cuba. Cuando apenas tenía cinco años, fui abusado por dos familiares, y expuesto a la pornografía y la masturbación. A los siete años vine a los Estados Unidos, a vivir con mi madre y su nuevo esposo. Mientras crecía, mi padrastro acostumbraba llevarnos a El Rey Jesús, pero no me gustaba, así que empecé a salir con gente equivocada; comencé a beber y fumar. Buscaba el amor en las muchachas, pero, aunque me decían que me amaban, todavía me sentía rechazado porque dudaba de mí, y no sabía lo que era el verdadero amor.

"Hasta hoy no sé lo que me impulsó a ir a la conferencia de jóvenes CGC. Sin embargo, me emocioné, y terminé entregándole mi vida a Dios. Esa misma noche mientras estaba en mi habitación, comencé a cantarle a Dios, y por primera vez en mi vida tuve un encuentro con Él. Empecé a llorar y temblar; ardía en fuego; era algo que jamás podré explicar. Así que corrí escaleras arriba, al cuarto de mis padres, y cuando les abracé, el amor de Dios cayó; sin posturas religiosas ni ceremonias; simplemente cayó. En un instante todos estábamos llorando. Desde ese momento nunca he vuelto a ser como era antes. El resentimiento contra mi madre por haberme dejado en Cuba se acabó, porque el amor de Dios me llenó tanto, que ya no siento nada contra quienes alguna vez me hirieron. Los he perdonado de corazón y Dios ha sanado mis heridas".

ACTIVACIÓN

¿Quiere ver cambios reales en su vida? Pase más tiempo en la presencia de Dios. Lo que le pasó a Kevin le puede suceder a usted también.

OREMOS JUNTOS

Padre celestial, vengo ante Ti reconociendo que eres el único que puedes cambiar mi manera de vivir. ¡Estoy cansado de hacer lo mismo! ¡Estoy cansado de tener una vida vacía! Necesito ser transformado en Tu presencia. ¡Cámbiame Jesús! Amén.

11

"Cristo solo es Señor en las áreas que usted le rinda".

Se llama señor al dueño o amo de algo o alguien, o a la suprema autoridad de un territorio. Jesús es Señor, porque después de Su resurrección, *"Dios también le exaltó hasta lo sumo"*, y lo hizo Señor *"en los cielos, en la tierra y debajo de la tierra"* (Flp. 2:9-11). Sin embargo, Él es un caballero, y no toma por la fuerza ningún área de nuestra vida. Muchos dicen que Jesús es su Señor, pero conservan áreas que no le han rendido; pues, en esas áreas Jesús no señorea, y tampoco provee para sus necesidades. En cambio, cuando rendimos nuestra voluntad, Dios se convierte en suprema autoridad. Cuando Jesús es el dueño, el enemigo no puede tocar esa vida. Por ejemplo, si usted lo hace Señor de sus finanzas, Él se encarga de prosperarlo, proveerle, darle los mejores negocios, y añadirle gracia y favor. Necesitamos morir con Jesús, para volver en el poder Su resurrección. Cuando usted le entrega su vida, Él se convierte en Su salvador, sanador, protector y amigo incondicional. Hoy, ríndale toda área de su vida a Jesús para que Él haga Su voluntad.

José Murillo, natural de Nicaragua, tuvo que rendir su vida, aprender a morir al yo y entregarle cada área de su vida a Jesús, y Él lo levantó como Pastor en Toulouse, Francia. Su testimonio es muy edificante:

"Nací en un barrio muy pobre de Nicaragua, y nunca conocí a mi padre biológico. Crecí sintiéndome solo, vacío y sin amor. A los 7 años, mi padrastro y yo nos fuimos a vivir a Francia; mi madre llegó un año después. Empecé a fumar marihuana y a usar otras drogas y alcohol. Me sentía rechazado porque mi padre me abandonó y jamás me buscó. En ese entonces mi mamá enfermó y mi padrastro se volvió alcohólico. Finalmente, todos nos vinimos a Miami, donde conocí a una muchacha llamada Rosamaría. Nos enamoramos y ella salió embarazada. Nuestra sorpresa vino cuando fuimos a un chequeo médico, y el doctor nos dijo que el bebé venía con médula bífida, que podía morir o nacer paralítico.

"Estábamos tan tristes con ese diagnóstico, que un día viendo la televisión, escuché al Apóstol Guillermo Maldonado decir, 'aunque el médico diga que no hay solución, si le das tu vida a Jesús, encontrarás la solución a cualquier problema'. Yo tenía dos opciones creerle al doctor o creerle a Dios. Así que fuimos a El Rey Jesús, donde mi familia y yo recibimos a Cristo como nuestro Señor. Un mes después regresamos al doctor y al examinarla, el médico comprobó que el bebé estaba en perfecta salud y desarrollo. Entonces empecé mi proceso de liberación de las drogas y el alcohol, y mi familia fue restaurada.

"Pronto nos convertimos en líderes de Casa de Paz y cuando por razones migratorias tuve que regresar a Francia, el Señor estuvo con nosotros. Nuestra Casa de Paz en Toulouse llegó a crecer tanto, que un día el mismo Apóstol Maldonado me autorizó para empezar a funcionar como iglesia. En Francia Dios nos usa para mostrar Su poder sobrenatural".

ACTIVACIÓN

No importa el lugar de dónde vienes o lo que has hecho, si rindes cada área de tu vida a Jesús, Él te saca de la inmundicia y te usa para Su gloria.

ORE CONMIGO

Señor Jesús, me arrepiento de haber actuado en rebeldía, pero hoy vengo delante de Ti y Te rindo cada área de mi vida. Decido morir a mí mismo, para que Tú seas mi dueño y Señor. Depongo mis armas y permito que, de hoy en adelante, seas Tú quien transformes mi mente, y guíes cada uno de mis pasos. ¡Yo quiero hacer Tu voluntad! Amén.

12

"Mientras más le doy a Dios de mí, más tengo de Él".

En el ámbito espiritual existe una ley que se conoce como la "Ley del Intercambio", la cual establece que: "Si le damos más de nosotros, Él nos dará más de Sí". Juan el bautista decía, *"Es necesario que él crezca, pero que yo mengue"* (Jn 3:30). Ese debe ser nuestro deseo, porque la transformación sobrenatural del creyente está basada en un intercambio de vidas. Nuestro "yo" y nuestra voluntad deben mermar para que Jesús crezca. Debemos acabar con el pecado y dejar de complacer los deseos de la carne. Si obedecemos a Dios, nos negamos a nosotros mismos, tomamos nuestra cruz cada día y recibimos la vida de Cristo. Pero si seguimos consintiendo los deseos de la carne, iremos rumbo a la muerte eterna. ¿Qué hacer? Caminar en el Espíritu. Eso nos empoderará para hacer la voluntad de Dios. Cuando caminamos en el Espíritu, vivimos libres de condenación (Ro. 8:1). Hoy, rindamos nuestro ego a fin de que Él derrame Su espíritu sobre nosotros. Una cosa he comprobado, que mientras más le doy a Dios de mí, más tengo de Él.

Jonathan Glenn, uno de los integrantes de New Wine, el grupo de adoración de El Rey Jesús, tuvo que morir al espíritu de religiosidad para ser libre de las ataduras que no le permitían expresarse con total libertad. Éste es su testimonio:

"Crecí en un hogar cristiano, con excelentes principios y padres temerosos de Dios, pero un día mientras estaba conectado a la internet me encontré con un sitio pornográfico. Inmediatamente cerré la página, pero la semilla quedó plantada allí. A partir de ese momento tuve problemas con una adicción a la pornografía y la masturbación. Incluso, una noche en mi habitación, tuve la visita de un espíritu sexual, y aunque hice todo lo posible para no volver a caer en la tentación, finalmente, un día no pude luchar más, y clamé a Dios diciendo: Tu palabra dice, 'Me buscarán y me encontrarán', así que voy a buscarte, y si no Te encuentro estoy perdido, haré lo que yo quiera. Ese mismo año conocí a una joven que asistía al Ministerio Internacional El Rey Jesús. Ella me llevó a la conferencia anual de los jóvenes de su iglesia, donde mis ojos se abrieron a la realidad del infierno y del pecado, y supe con revelación que Dios podía rescatarme.

"Cuando el Apóstol Maldonado hizo un llamado a todos los que querían experimentar a Dios, corrí al altar, y en ese momento supe que había encontrado a Dios. Unos meses más tarde tomé la decisión de comprometerme a servir en El Rey Jesús y le entregué mi vida a Dios. Fui liberado de inmoralidad sexual, y decidí morir a mi carrera en Ingeniería Civil, para trabajar como asistente pastoral en la iglesia. ¿Qué pasó con la joven que conocí? Bueno, me casé con ella y ahora tenemos dos hermosas hijas".

Activación

Como Jonathan, usted también puede tener más de Dios, en la medida que le entregue más de lo que usted es. Hoy es un buen día para comenzar una nueva vida en Cristo.

Ore conmigo

Señor Jesús, te pido perdón por haberte ofendido. Me arrepiento y te entrego cada área de mi vida donde aún no eres el Señor. Rindo mi ego, rindo mi voluntad, te entrego mi vida a fin de que derrames Tu espíritu sobre mí. Pongo en el altar mi vida como ofrenda, sabiendo que mientras más te doy de mí, más tengo de Ti. ¡Gloria y honra a Ti Señor! Amén.

13

"La carne no crucificada siempre abre puertas a los demonios".

La carne es la naturaleza vieja, el yo carnal, el ego. Cuando el Apóstol Pablo dice, *"Con Cristo estoy juntamente crucificado"* (Ga. 2:20), está haciendo una declaración de muerte a la naturaleza de pecado. Esto quiere decir que la condición de estar crucificado con Cristo debe hacerse realidad en nuestra vida. Y cuando afirma: *"Ya no vivo yo, más vive Cristo en mí"*, da por hecho que su "yo carnal" ha muerto, y que el hombre nuevo que ha resucitado con Cristo gobierna sobre el alma (mente, voluntad y emociones). Lo contrario ocurre cuando la carne no es crucificada, pues atrae a los demonios, como un animal muerto atrae a los buitres. Asimismo, cuando tenemos deseos pervertidos o entretenemos malos pensamientos, ellos atraen demonios, y estos oprimen y subyugan a la gente hasta acabar con ella. Por eso, continuamente debemos crucificar la carne. La Biblia nos manda caminar *"en el Espíritu"*, y no satisfacer *"los deseos de la carne, porque el deseo de la carne es contra el Espíritu, y el del Espíritu es contra la carne"* (Ga. 5:16-17). Hoy Dios quiere que renuncie a satisfacer los deseos de su yo carnal, porque dejará entrar demonios que acabarán con usted.

Hay quienes piensan que pueden jugar con Dios; y pronto descubren que no es así. El testimonio de una residente de Miami, nos muestra que cuando no crucificamos nuestra carne, le abrimos puertas a los demonios.

"Mi nombre es Esther González, nací en Cuba, y allá practicaba la brujería y la adivinación; pensaba que las predicciones podrían mejorar mi vida y la de los demás. Muy tarde me di cuenta que la brujería no protege a nadie. Fui violada en dos ocasiones y asaltada cinco veces. Después de llegar a Estados Unidos, quedé embarazada de un hombre con el que mantenía relaciones sin estar casada, y al final me abandonó. Desolada y sin saber qué hacer, un día escuché una enseñanza del

Apóstol Guillermo Maldonado. Ese día hice la oración de salvación y le entregué mi vida a Dios.

"Sin embargo, continué abriéndole puertas al pecado, y permití que la carne y la duda se apoderaran de mí. Aunque un día fui tocada por el poder de Dios, mi mente no había sido transformada. Año y medio más tarde, le di la espalda a Dios y volví a la brujería. En el mismo momento que hice eso, le abrí puertas a los demonios. Al poco tiempo sufrí un accidente que me dejó al borde de la muerte. Además, el miedo, la depresión y la falta de identidad volvieron; lo peor es que también mi hijo enfermó. Desesperada, volví a buscar a Dios, y mi hijo fue sanado sobrenaturalmente. Desde entonces, no he vuelto a mirar atrás".

Activación

Cierre toda puerta al enemigo. Cuando Esther lo hizo, Dios le dio una segunda oportunidad. Ahora Él la usa poderosamente para rescatar a otros de las garras de la brujería.

Oremos juntos

Señor Jesús, hoy renuncio al espíritu de brujería y a los espíritus semejantes a él. ¡Los echo de mi vida en el nombre de Jesús! Cierro toda puerta que abrí a los deseos del mundo, a las obras de la carne, a los deseos pervertidos y a los malos pensamientos. ¡Todo eso se va, ahora mismo! Cierro todo punto de entrada de demonios y me declaro libre, por el poder de Tu nombre, de Tu sangre y de Tu Palabra. ¡Gracias Señor! Amén.

14

"Contristar al Espíritu Santo tiene que ver con el carácter; apagar al Espíritu Santo tiene que ver con el poder".

Una persona puede estar viviendo una vida de santidad, y sin embargo "contristar" y "apagar" al Espíritu Santo. La Biblia nos advierte, *"No contristéis al Espíritu Santo de Dios"* (Ef. 4:30). Contristar significa entristecer, afligir, angustiar o causar molestia a alguien. Lo contristamos con nuestras malas actitudes, pensamientos, conversaciones y actos de maldad; con iras, contiendas, amargura y maledicencia. Contristamos al Espíritu Santo cuando pecamos deliberadamente, con ambiciones egoístas, malas actitudes y hábitos de pensamiento impuros. La Escritura también habla de *"no apagar al Espíritu Santo"* (1 Ts. 5:19). Lo apagamos o cortamos su fluir cuando no creemos en las profecías ni en lo que proviene de Dios; por ejemplo, los milagros, sanidades, liberación o prosperidad. Por eso, cuando el Espíritu Santo habla, debemos actuar de inmediato, sino, ¿para qué nos dará una nueva profecía, si nada hicimos con la anterior? Jesús nos modela cómo vivir con el Espíritu Santo, sin contristarlo ni apagarlo. Hoy usted también puede permitir que el Espíritu de Dios trabaje formando su carácter.

El testimonio de Yaniel ilustra muy bien el tema de hoy, porque muchos como él caminan por el mundo haciendo daño a los demás, sin saber que el principal daño se lo hacen ellos mismos, pero además entristecen y apagan el fluir del Espíritu Santo en su vida. Leamos:

"Mi matrimonio estaba destrozado por completo. Llevábamos diez años de casados, y en ese tiempo habíamos acumulado mucho odio, resentimiento y falta de perdón, debido a mi infidelidad, hasta que finalmente me separé de mi esposa. No nos divorciamos porque ella siempre creyó que las cosas se podían arreglar, y continuó orando por eso. Yo realmente no pensaba lo mismo. Aunque ella no era cristiana, sabía que había un Dios y perseveró en la oración. Finalmente, un día cuando creí que no había más remedio, Dios me llevó a El Rey Jesús. El día que llegué a la iglesia, el Apóstol Maldonado estaba hablando acerca de la familia, y les pidió a los matrimonios que se pusieran de pie, uno frente al otro; que se miraran a los ojos, y empezaran a pedirse perdón por todo lo que había sucedido en el pasado.

"En ese mismo instante, el Espíritu Santo me trajo una tremenda convicción de pecado; me mostró que andaba en malos pasos, pero también me dio ánimo para seguir adelante. Ese día reconocí ante Dios que había entristecido al Espíritu Santo con mis acciones, y que mis dudas y mi apatía anterior habían apagado Su poder para actuar en mi vida. Cuando me arrepentí, Dios volvió a encender la llama de nuestro matrimonio. Ahora sé que Dios me ha perdonado y que mi familia camina en la voluntad de Dios".

ACTIVACIÓN

No importa qué clase de pecado usted cometió. Hoy, como la persona del testimonio, confiese ante Dios sus ofensas y Él enviará Su Santo Espíritu para que nuevamente encienda la pasión por Él que se había apagado.

OREMOS JUNTOS

Señor Jesús, en este día confieso mi pecado y me arrepiento por haberte ofendido. Rompo todo pacto que hice con el mundo y con la carne, y hago un pacto nuevo contigo Jesús, para amarte y servirte el resto de mi vida. No quiero volver a contristar ni apagar Tu Santo Espíritu. ¡Señor, forma en mí Tu carácter! Amén.

15

"Una generación no durará más allá de su vida de ayuno y oración".

Una generación que ora y ayuna será una generación que perdure. Cuando estrechamos nuestra relación con Dios, acumulamos herencia generacional, porque el ayuno y la oración nos liberan de la realidad y hacen que el mundo espiritual se abra ante nosotros. La oración nos eleva por encima de las leyes naturales y nos hace trascender la realidad. No se trata de negar nuestra realidad, sino de comenzarla a ver desde la perspectiva de Dios, donde nada es imposible. Si no ora, vive preocupado, y sus problemas son su única realidad. En cambio, cuando ora, crea depósitos de poder que lo llevan a vencer toda circunstancia y a desatar el poder de Dios. En oración, usted se apropia de la obra de Cristo en la cruz y Sus beneficios. Así, el ayuno y la oración son las marcas que nos identifican como discípulos de Cristo, porque afinan nuestra percepción espiritual (Mt. 16:15-17). La vida de ayuno y oración llevó a Jesús a vencer en la cruz. Sin embargo, la Iglesia no ve la necesidad de hacer lo mismo; por eso carece de poder. ¿Quiere dejar un legado que trascienda generaciones? ¡Busque a Dios, en ayuno y oración!

La Pastora de Jóvenes, Hazel Santana, de Nueva Jersey, nos muestra lo que ocurre cuando decidimos hacer del ayuno y la oración nuestro estilo de vida. Conozca su testimonio:

"Mi esposo y yo somos pastores de jóvenes en Nueva Jersey. Aunque nuestra iglesia lleva más de 25 años, nunca habíamos experimentado una explosión de milagros y evangelismo como en estos últimos meses. Hemos ganado más de 500 almas. Pero una de las mayores señales del poder sobrenatural de Dios que hemos visto, sucedió con una mujer venezolana que era estéril. Durante años había tratado de tener hijos, pero después que vino a nuestro servicio y oramos por ella, a las pocas semanas estaba embarazada. Otra mujer tenía cáncer, y le habían dado pocos meses de vida. Ella estaba preocupada por su bebé de solo 6 meses, pero se atrevió a confiar en Dios. Así que cuando declaramos la palabra de sanidad, la recibió. Pese a tener una cirugía programada, las radiografías confirmaron que los tumores cancerosos habían desaparecido. ¡Está completamente sana!

"Nuestros jóvenes entran a lugares repletos de gente bebiendo y fumando, y manifiestan el poder de Dios en medio de las tinieblas. En una calle, encontramos a una mujer que estuvo involucrada en brujería. Cuando mi esposo oró por ella, empezó a temblar y fue librada. Todo esto comenzó cuando nos pusimos de acuerdo para orar y ayunar. Entonces, una profunda hambre por las cosas de Dios vino sobre la congregación, y empezamos a ver un milagro tras otro. La membresía de nuestra iglesia se multiplicó, comenzamos a ver milagros, y las finanzas aumentaron. ¡El Señor se mueve de una manera sobrenatural, nunca antes vista!"

ACTIVACIÓN

¿Quiere que su vida cambie? ¿Anhela ver un rompimiento? ¿Necesita que su ministerio vaya a otro nivel? ¡Comience a estrechar su relación con Dios a través del ayuno y la oración! ¿Está listo para comenzar ahora mismo?

OREMOS JUNTOS

Padre celestial, hoy clamo por una transformación radical en mi forma de vivir, en mi trabajo, negocio y ministerio. Reconozco que, si quiero ver cambios radicales, debo empezar a hacer cambios sustanciales. Hoy proclamo ayuno y oración por 21 días, y declaro que, en adelante, éste será mi nuevo estilo de vivir. Buscaré Tu rostro, Señor; quiero oír Tu voz, pero sobre todo quiero obedecerte y serte fiel. ¡Que el mundo sepa que estoy contigo y que Tú estás conmigo! Te doy gracias Padre, en el nombre de Jesús. Amén.

16

◇◇◇

"La adoración hace que Dios revele y manifieste Su presencia".

◇◇◇

Cuando Dios es adorado en Espíritu y verdad, Él revela al adorador Su carácter, Su personalidad y Su corazón. La adoración es una forma de enamorar a Dios, y Él responderá revelándose de diferentes maneras: quizá se manifieste como proveedor, salvador o sanador. Yo lo animo a que alabe y adore a Dios, en todo momento, aun en medio de la tristeza o la crisis. La Biblia habla de sacrificios de alabanza (Heb. 13:15). Hoy, sacrifique alabanzas a Él, porque en el momento que lo haga, Dios se revelará, y seremos transformados a Su imagen y semejanza.

Si hasta ahora pensaba que el Reino, el poder y la gloria de Dios eran solo conceptos teológicos, sepa que éstas son verdades espirituales, y que a diario vivo conforme a ellas. La "religión" nunca producirá una experiencia sobrenatural, porque carece de la vida de Dios. Con frecuencia estamos ocupados cumpliendo normas y cuidando apariencias; por eso las tradiciones nos atrapan, y nos convertimos en *"odres viejos"* (Lc. 5:37), incapaces de contener Su gloria. Dios quiere llevarnos a ámbitos nunca antes experimentados. ¡Adórelo hasta que Dios revele y manifieste Su presencia!

Antes de llegar a ser Apóstol, Shammah Apwam, de Madagascar —un país insular situado frente a África—, estaba lleno de religión, pero carecía de la vida de Dios, hasta que un encuentro con la presencia de Dios cambió su vida por completo. Este es su testimonio:

"Mi padre me abandonó cuando tenía 4 años y fui criado por mi abuelo. A pesar de esto, supe que tenía un llamado de Dios, y cuando tenía 17 años, un profeta me lo confirmó. Sin embargo, sufría de inseguridad y rechazo, y no podía lograr nada. Pero todo cambió una noche de 2011 mientras veía el programa de televisión *"Días de Gloria"*. La presencia de Dios invadió mi sala, mi cuñado cayó ante la presencia de Dios, mis hijos comenzaron a llorar, y yo no sabía lo que estaba pasando. En un instante del programa, el Apóstol Maldonado hizo un llamado y dijo: 'Pastor, queremos que vengas'. Yo no conocía al Apóstol Maldonado, pero cuando escuché eso, sentí que eso era para mí y tenía que ir al estudio. Hice un viaje muy largo, y la noche antes del programa, Dios me despertó y me dijo: Prepara tu corazón.

"Cuando llegué al estudio, el Señor había previsto que me reuniera con el Apóstol Maldonado. Apenas me vio el Apóstol se acercó a mí y puso en mis manos el libro "Necesito un Padre". Antes que me diera cuenta, estaba lleno de lágrimas, y no pude dejar de llorar durante toda la ministración. Ese libro me enseñó lo que me faltaba: un Padre.

"El Apóstol Maldonado me activó en lo sobrenatural, y días después Dios me mostró la nación de Madagascar como mi asignación. Ahora realizo cruzadas de sanidad sobrenaturales en Madagascar, donde la gente es sanada y liberada. En menos de dos años hemos pasado de ser sólo dos: mi esposa y yo, a tener 12 iglesias bajo nuestra cobertura, y un total de 15 mil miembros activos. ¡Gloria a Dios!"

ACTIVACIÓN

Mientras alaba y adora a Dios con gran intensidad, Dios se revelará y manifestará Su presencia en su vida.

OREMOS JUNTOS

Amado Padre celestial, alabo Tus grandes obras, Tus maravillas, y la hermosura de Tu Santidad. Te adoro porque eres mi Dios, mi proveedor, mi sanador, mi libertador, mi creador. ¡Tú eres mi Abba! Papito querido, de día y de noche te busco, porque eres el Dios de mi salvación. Manifiesta Tu presencia aquí y ahora, ¡Señor, mi Dios!

17

"La fe nos fue dada para salirnos del tiempo y acceder a la eternidad".

F e es la puerta por donde Dios accede a la tierra, y la vía por donde tenemos acceso al cielo. Los humanos no podemos acceder a la eternidad con nuestros sentidos físicos; para eso necesitamos fe, la cual nos fue dada al nacer de nuevo. La fe sirve para ganar acceso legal a la dimensión del Espíritu, para desde allí gobernar la tierra.

Romanos 12:3 afirma que Dios nos ha dado a todos una *"medida de fe"* para interactuar en el mundo espiritual. Fe es tener *"la certeza de lo que se espera, la convicción de lo que no se ve"* (Heb. 11:1). La fe se origina en el cielo, por eso opera por encima y más allá del mundo natural. La medida de fe que recibimos es una porción de la fe de Dios, la cual es sobrenatural. Cuando en Marcos 11:22, Jesús les dice a sus discípulos, *"Tened fe en Dios"*, en realidad les está diciendo: "Tengan la fe que le pertenece a Dios". Él tuvo que darnos de Su fe para tener entrada legal al ámbito de lo eterno.

¿Hasta dónde se atreve usted a creerle a Dios? El Pastor Leonardo Echenique, de Uruguay, confió en la visión apostólica que Dios me dio, la implementó y los resultados están a la vista. Su testimonio lo retará a estirar su fe. Esto es lo que testificó:

"Desde que entramos bajo la cobertura del Apóstol Maldonado, nuestra fe ha crecido como nunca antes. Desde que implementamos la visión apostólica, comenzó un crecimiento en la iglesia. Sobrenaturalmente se duplicó la membrecía, tal y como él nos lo había profetizado. Antes teníamos 250 personas, y en año y medio se triplicó la membresía. Hoy tenemos más de 750 personas. Antes teníamos un local de mil metros cuadrados; hoy estamos en una iglesia de nueve mil metros cuadrados, con estacionamiento y todas las facilidades. Lo mejor es que Dios pagó todo y terminamos sin deudas.

"Cuando el Señor nos dio el local, también nos soltó los recursos y en cinco meses modificamos todo, de acuerdo al diseño que Él nos había dado para la iglesia. Él proveyó los 95 mil dólares para pagar todo. Caminamos en fe, nos atrevimos a creer, y ahora nuestro templo tiene cero deudas. El poder de Dios se manifiesta en cada servicio; sin embargo, hay un milagro que nos ha tocado más que otros. Un día visitamos una de nuestras iglesias, en Argentina, donde está el río Tuluyán, el cual estuvo seco durante 30 años. Lo único que había allí era arena. Y mientras estábamos en el carro, el Espíritu Santo me dijo que oráramos por ese lugar. Así que, obedecí, y seguimos orando en la madrugada con los intercesores. Entonces dije; Lo que tienen mis padres espirituales, eso viene sobre nuestras vidas también. Si mi padre espiritual declara lluvia y llueve, así también va a pasar con nosotros. ¡Un mes después el río se llenó! ¡Después de 30 años de estar seco, gracias a una oración, ahora el agua corre!"

ACTIVACIÓN

Lo que le sucedió al Pastor Echenique de Uruguay es un acto soberano de Dios en respuesta a su fe. Usted también puede estirar su medida de fe. Recuerde que *"nada hay imposible para Dios"* (Lc. 1:37).

OREMOS JUNTOS

Señor, auméntanos la fe para creer por cosa mayores, para ver milagros creativos inusuales, para salirnos del tiempo y acceder a la eternidad. Como en el libro de los Hechos, hoy declaro que Tu iglesia es confirmada en la fe, y aumenta en número cada día. Espíritu de Dios, ensancha nuestra fe. Amén.

18

"De tu corazón no pueden fluir fe y miedo al mismo tiempo, porque el miedo bloquea la fe y viceversa".

Recuerda el pasaje donde Jesús caminó sobre las aguas? Cuando Pedro vio a Jesús, le dijo: *"Señor, si eres tú, manda que yo vaya a ti"* (Mt. 14:28). Jesús inmediatamente dio el decreto, y Pedro caminó sobre el mar. La Biblia dice que de pronto vino una gran tormenta. Pedro al ver el fuerte viento, tuvo miedo, empezó a hundirse y Jesús tuvo que estirar Su mano para salvarlo. Este pasaje muestra que cuando el temor entra en el corazón, la fe se va. El enemigo siempre tratará de romper el ritmo de su comunión con Dios, en todas las áreas. Si la duda o el miedo encuentran cabida en su corazón, se cortará la fe y no verá milagros. Pero cuando viene el poder sobrenatural de Dios, rompe con eso, restaura el orden y la vida de fe para darle la victoria. Así que hoy tome la decisión de no conformarse a las circunstancias. Mantenga su mirada fija en Jesús, y camine confiado sobre la tormenta. ¡Camine por fe, no por vista!

Muchas veces no le prestamos atención a los pequeños temores porque pensamos que son cosas sencillas, que ya se nos pasarán. Por ejemplo, cuando entramos a una habitación a oscuras y escuchamos ruidos o sentimos escalofríos. Creemos que son cosas tontas, que si las contamos se burlarán de nosotros. Pero al diablo le gusta que usted mantenga esas cosas en secreto, porque en lo oculto él se fortalece. Sin embargo, debemos estar conscientes que cuando el temor entra en el corazón, la fe se va. Este es el caso de Dayli, quien tuvo que ser liberada del miedo para poder adorar a Dios en paz. Este es su testimonio:

"Desde que era una niña estuve lidiando con el miedo que me atacaba mientras estaba en mi cuarto. En realidad, le tenía miedo a todo, y eso no me dejaba adorar a Dios. Cada vez que intentaba adorar, oía fuertes ruidos, como si alguien estuviera tratando de entrar en mi habitación por la fuerza, y sentía la caída de objetos en el armario. Esto me sucedía casi a diario. Hasta que un día el Apóstol Guillermo Maldonado comenzó a predicar acerca del miedo. Entonces comprendí lo que me estaba ocurriendo. El diablo quería evitar a toda costa que yo adorara a Dios. Ese día el Señor me liberó. Ahora, soy capaz de alabar y adorar a Dios en mi habitación, con libertad, porque la fe echó fuera todo espíritu de miedo".

ACTIVACIÓN

No importa la clase de miedo que esté sintiendo. Miedo es miedo, y es un espíritu diabólico que paraliza y no lo deja actuar. Hoy, renuncie a ese espíritu, rompa esa atadura, y sea libre para siempre.

ORE CONMIGO

Señor Jesús, en Tu nombre, renuncio a todo espíritu de miedo, duda, temor y fobia. Reprendo, ato y echo fuera esos espíritus malignos, y declaro que la fe de Dios los hace huir. Ellos no tienen cabida en mi corazón. Ahora mi fe aumenta y el espíritu de osadía y de valor cobran vida en mí. Gracias Padre, porque Tú me haces libre de la esclavitud del miedo, en el nombre de Jesús. Amén.

19

"A lo que usted se conforma define su manera de pensar y de vivir".

Ninguna transformación es permanente hasta que renovamos nuestra manera de pensar. La renovación de nuestra mente nos da acceso a lo sobrenatural, porque bajo la inspiración del Espíritu Santo comenzamos a transformar nuestro carácter. Cuando alguien se conforma, se resigna a su vieja naturaleza, y vive por lo que le indican los cinco sentidos naturales. En cambio, cuando es transformado, vive en lo sobrenatural. Por tanto, no se conforme a los problemas, enfermedades o crisis; si se conforma, vivirá por ellos, pensando que estos nunca se resolverán. Dios tiene poder para cambiar sus circunstancias, por difíciles que parezcan. Pídale que lo libere de todo aquello a lo que se ha conformado, para que el Espíritu Santo comience a transformarlo. Dios quiere que nos hagamos conforme a la imagen de Su Hijo Jesucristo.

El testimonio de Lucía, una doctora que vive y trabaja en Catania, Italia, nos enseña a no conformarnos a lo que establece nuestro entorno, profesión o el ambiente que frecuentamos. Este es su relato:

"Aunque soy médico y una persona de conocimiento científico, he sido cristiana e hija de Dios la mayor parte de mi vida. En los últimos 10 años, el Señor me ha usado para moverme en Su poder sobrenatural, y en esta tarea he involucrado al Espíritu Santo, el más grande de los médicos. Lo que voy a contarles ocurrió el 21 de diciembre de 2013. Una de mis pacientes, embarazada, presentaba alto riego debido a que sufría de toxemia del embarazo, es decir, envenenamiento de la sangre por las toxinas, más la presión arterial alta.

"Yo estaba consciente de los peligros, pero me negaba a conformarme a ellos, porque sabía que el poder de Dios podía intervenir. Declaré la sangre de Jesús sobre esa mujer y su bebé. Diez días después, la mujer tuvo que someterse a una cesárea y la bebé nació prematura, lo que ocasionó más dificultades. Cuando extrajimos a la niña del vientre de su madre, ésta no lloró ni hizo ruido alguno. Inmediatamente oré por ella y le dije: '¡En el nombre de Jesús, espíritu vuelve!' ¡Y la niña volvió a la vida! Después que el pediatra se llevó a la bebé para limpiarla y hacerle pruebas, regresó exclamando cuán sorprendido estaba porque la bebé había revivido. El recuento de sangre de la niña al nacer era de sólo 4% de oxígeno; técnicamente, nació muerta. Soy médico, pero incluso la medicina no puede hacer lo que Dios hace. ¡Yo sigo creyendo que esa niña es un milagro de Dios!"

ACTIVACIÓN

¿Se ha conformado a su ambiente? ¿Se ha conformado a su denominación? ¿Se ha conformado a su enfermedad? ¿Se ha conformado a ser pobre? ¿Se ha conformado a sus circunstancias? Dios le dice hoy: "¡Cambia tu manera de pensar y de vivir! ¡No te conformes!"

ORE CONMIGO

Señor Jesús, no quiero conformarme a los problemas, enfermedades o crisis que se presentan en la vida. Al contrario, necesito ser transformado en mi manera de pensar, de actuar, y de realizar mi trabajo. Donde quiera que voy, quiero dar testimonio de que Tú estás conmigo y me usas para Tus propósitos. Tu poder es más que suficiente para cambiar todas las circunstancias. ¡Transfórmame Espíritu Santo! Amén.

20

"La única habilidad que Dios busca en la humanidad es la disponibilidad".

Dios no busca alguien inteligente, talentoso o elocuente; todas esas cosas son buenas, sin embargo, lo que Él busca es alguien que esté disponible. En la Biblia, la primera calificación para ser una persona usada por Dios era estar disponible. Muchos tienen dones y talentos, desafortunadamente, no todos tienen disponibilidad. El Señor sabe cuándo un corazón está dispuesto para Él. Muchas personas le dicen "no" a Dios porque piensan que no son dignas, que no pueden hacer la obra que Él les confía, que la carga es muy pesada o que no tienen el talento necesario. A todos hoy Dios nos dice: "Si estás disponible y dispuesto, Yo te haré un portador poderoso de Mi presencia y de Mi gloria, para que ministres Mi poder donde quiera que vayas".

Esto significa que debemos prepararnos para el momento que el Señor quiera usarnos para manifestar Su gloria. Los miembros del cuerpo tienen que estar siempre disponibles para la cabeza; no importa cuán fuerte sea un brazo, no será útil si no está disponible para hacer lo que la cabeza quiere. ¿Está usted disponible para Dios?

Israel y Jennifer Rosas son un matrimonio que ahora Dios usa porque ellos decidieron estar disponibles para Dios; pero no siempre fue así. En él había falta de paternidad, falta de perdón, espíritu de rechazo, y tantas otras cosas. Pero, cuando se dispusieron para Dios, Él los transformó, y ahora les ha confiado pastorear a Sus ovejas. Conozca el testimonio de Israel:

"Yo crecí con rechazo, porque veía que mis padres se preocupaban más por otras personas que por mí. Empecé a buscar la aceptación en la calle, a usar drogas y alcohol. Cuando crecí y me casé, quería ser diferente y cuidar a mi familia, pero no sabía cómo ser un buen esposo ni un buen padre. Era muy violento; siempre estaba enojado con mi esposa, le era infiel, y destruí mi primer matrimonio. Mis hijos sufrieron mucho por esa situación. Cuando me casé por segunda vez, el patrón se repetía, y mi esposa empezó a controlar mi familia.

"Un día estaba consumiendo cocaína en un puente y recordé que cuando tenía 12 años me habían profetizado que Dios iba a usarme. Quería ser transformado, pero necesitaba el poder sobrenatural de Dios. Cuando llegué a El Rey Jesús, Dios empezó a cambiarme, a transformar mi corazón y a restaurar mi familia; les pedí perdón a todos. Dios me ha enseñado a ser hombre, a ser un sacerdote, a ser un buen padre, a respetar a mi esposa y a serle fiel; ésa es la mayor alegría y el mejor regalo que Dios me ha dado. Ahora mi esposa y yo servimos al Señor como pastores ordenados de nuestra iglesia; todo porque un día decidimos estar disponibles para Dios".

ACTIVACIÓN

Los dones y talentos son buenos, pero por encima de todo, lo que Dios busca es que usted esté disponible para servirlo cuándo y dónde lo necesite. ¿Quiere poner ante Dios su disponibilidad?

OREMOS JUNTOS

Señor Jesús, en este día pongo a Tu disposición mis dones, talentos y recursos, pero sobre todo Señor, hoy quiero entregarte mi tiempo. Estoy disponible para Ti. ¡Heme aquí Señor! Yo iré por Ti donde haga falta. Seré una extensión de Tus brazos para abrazar al desamparado; una extensión de Tus manos para sanar al enfermo; tendré Tu corazón compasivo para liberar al cautivo, y Tu amor ágape para amar sin condiciones. ¡Úsame Señor, estoy disponible para Ti!

21

"Si usted no se somete, Dios no se compromete".

Santiago 4:7 dice: *"Someteos, pues, a Dios; resistid al diablo, y huirá de vosotros".* La mayor parte de la actividad divina en la tierra requiere que hagamos un compromiso de corazón. Si no nos sometemos a Dios, Él no se comprometerá con nosotros. Cuando no hay compromiso, podemos estar haciendo obras que parecen del ministerio, pero nuestro corazón no estará en el asunto. Por ejemplo, podemos servir a los demás, adorar a Dios, traer ofrendas, ministrar, predicar o enseñar, pero mientras no comprometamos el corazón, sólo estaremos realizando simples rituales, vacíos de significado eterno. Hoy, permítale al Espíritu Santo que lo transforme y le dé gracia para comprometer genuinamente su corazón. Recuerde que Dios ve las profundidades de nuestro ser, mira las motivaciones, intenciones y pensamientos íntimos —los buenos y los malos—, y desea darnos un corazón sano, con todas las características de Su propia naturaleza, como amor, gozo, justicia y sabiduría. Sométase hoy a Dios y Él se comprometerá a darle Su provisión, Su gloria y Su poder.

Luis Nieri, un joven peruano, residente de Miami, es fiel testigo de lo que Dios es capaz de hacer cuando nos comprometemos con Él. Conozca su testimonio:

"Yo estaba bastante involucrado en el consumo de drogas y en las pandillas. Un día, harto de la vida que llevaba me propuse suicidarme; sin embargo, a última hora decidí darle una oportunidad a Dios. Así que me paré y le dije: 'Estoy dispuesto a cometer suicidio, pero voy a darte mi vida a Ti para que puedas cambiarla, porque para mí la vida no vale nada". A los pocos días alguien me invitó a ir a una Casa de la Paz, y comencé a involucrarme en la visión de El Rey Jesús. El Pastor Frank, que es el pastor de jóvenes en la iglesia, me ayudó a dar los primeros pasos en mi nueva vida. Poco tiempo después conocí a Danielle, una joven de quien me enamoré y con quien me casé al poco tiempo. Ella, al igual que yo venía de un trasfondo de alcohol y drogas. Juntos fuimos restaurados por Dios cuando nos comprometimos con Él. Después de sanar nuestros corazones y limpiar nuestra alma, fuimos enviados por El Rey Jesús a abrir una Casa de Paz. Tiempo después nos convertimos en mentores, y ahora tenemos un grupo de jóvenes discípulos que todos sirven, y están involucrados en la visión de la casa. Comprometernos a servir a Dios le dio un nuevo sentido a nuestra vida. Antes yo creía que mi vida no valía nada; ahora sé que Dios usa mi vida como un instrumento para ayudar a otros a salir de las drogas, el alcohol, la depresión, el intento de suicidio. Antes yo era líder de una pandilla; ahora soy un mentor y un líder del Reino. Antes mi esposa promovía bares y fiestas paganas, ahora ella es diseñadora gráfica en El Rey Jesús y promueve los negocios del Reino. Ambos estamos comprometidos con Dios y Él está comprometido con nosotros".

ACTIVACIÓN

Como esta pareja de jóvenes esposos, usted también puede cambiar su vida y comprobar lo que es hacer un compromiso con Dios. Al hacerlo, Él tomará su vida y suplirá todas sus necesidades.

ORE CONMIGO

Amado Jesús, hasta ahora pensaba que mi vida estaba vacía y sin propósito. Hoy reconozco que Tú eres la verdadera razón de mi existencia; sin Ti nada de lo que hago tiene sentido. Hoy, me comprometo a servirte y a ser de bendición para otros. Nada tengo que pedirte, porque sé que al comprometerme contigo, Tú te comprometes conmigo, y en Tus manos mi vida está asegurada. ¡Gracias mi Señor!

22

"Cuando deja de adorar a Dios, también deja de conocerlo".

Una de las formas de conocer a Dios es a través de la adoración, porque es en esa atmósfera donde Él se revela. Cuando usted deja de adorarlo, deja de conocerlo, y llegará a un punto donde no sabrá nada más de Dios. Quiero compartir con usted algo personal: cuando hay un área en la que quiero conocerlo más, lo que hago es adorarlo, y Él se revela; algunas veces lo hace como padre, liberador o sanador. A veces Dios me ha llevado a adorarlo como mi proveedor, y de repente recibo revelación nueva en esa área.

Algo que nunca debe olvidar es que, el centro de la adoración debe ser Dios. Cuando el adorador pierde ese objetivo, la atención se enfoca en él o ella, y eso es muy peligroso, porque la adoración se convierte en *"fuego extraño"* ardiendo en el altar (Lev. 10:1–2). Puede sonar muy bonito, gustar a los sentidos, pero la presencia de Dios no está allí. Por tanto, adore en Espíritu y verdad; conozca íntimamente a Dios; pero, sobre todo, nunca deje de adorarlo, porque entonces dejará de conocerlo.

Dalton Francis vivió una experiencia muy fuerte, que ilustra lo que estoy diciendo. Este es su testimonio:

"Puedo decir que crecí en la iglesia, fui salvado, bautizado, incluso recibí al Espíritu Santo cuando aún era muy joven, pero llegó un tiempo donde me sentí herido. Ni siquiera recuerdo bien lo que sucedió, pero hubo un mal entendido, y eso me llevó a descarriarme. Dejé de adorar a Dios, dejé de tener relación con Él, y cuando me di cuenta, eso me sacó de la iglesia y quedé totalmente alejado de Dios. Así que me fui al mundo. Desde entonces, mi vida transcurría en los clubes, bebiendo, fumando; siempre de fiesta con amigos y amigas.

"Un día me di cuenta que, las cosas simplemente se me habían ido de las manos, y no sabía cómo regresar a Dios. Pensé que nunca podría estar con Dios otra vez. Pero un día el Señor empezó a hablarme, y me mostró que Él me amaba. Me hizo comprender lo que soy y hacia dónde voy. Me mostró que Él es mi Padre y que tiene un llamado y propósito para mi vida. Entonces regresé a la casa de mi Padre".

ACTIVACIÓN

Como hemos visto, dejar de adorar a Dios es poner los pies en el camino que nos aleja de Su presencia. ¿Cuál es la solución? Reconocer delante de Dios que hemos fallado, arrepentirnos y volver a la casa de donde nunca debimos haber salido. ¿Quiere comenzar el regreso al Padre ahora mismo?

ORE CONMIGO

Padre celestial, yo reconozco que mi pecado me separa de Ti. Hoy, voluntariamente, te pido perdón; me arrepiento de haberte ofendido al haber dejado de adorarte. Confieso que Jesús murió por mí, y que Tú lo resucitaste al tercer día. Reconozco que Tú eres mi Dios, Dios fiel, que guarda el pacto y la misericordia a los que Te aman y guardan Tus mandamientos. ¡Nunca más viviré lejos de Ti, Señor! Amén.

23

"El mal que usted tolere será el mal que lo destruya".

En el primer libro de Samuel, vemos que Dios le dijo al Rey Saúl que destruyera a todos sus enemigos los amalecitas, las vacas y hasta los niños (1 Sam. 15). ¿Por qué Dios hizo eso? Porque si alguno seguía vivo, su semilla pervertida crecería y los destruiría. La enseñanza es que, el enemigo pervertido que usted tolere contaminará su corazón, y acabará comprometiendo principios. Acto seguido, dejará de llamar al pecado por su nombre y, por el contrario, lo entretendrá.

Adán y Eva toleraron a la serpiente, y le permitieron que los influenciara espiritualmente. Esto es antinatural, porque nadie en su sano juicio toleraría que una serpiente invadiera su casa. Sin embargo, muchos toleramos pecados y transgresiones en nuestra vida, aun sabiendo que desagradan a Dios. No nos damos cuenta que, al tolerarlos, estamos haciendo lo mismo que Adán, dándole al enemigo el derecho de invadir nuestra casa y deteriorar nuestra comunión con Dios. En este día, si hay maldad o perversión que usted está entreteniendo en su mente, es hora de arrepentirse y buscar a Dios.

El testimonio que presento a continuación, pertenece a Yesenia Rosado, una líder de Casa de Paz de El Rey Jesús. Ella tuvo que vivir la terrible experiencia de estar presa tras los barrotes de una cárcel, hasta que decidió acabar con la maldad acumulada en su corazón. Entonces Dios la rescató y la liberó. Ella narra su historia:

"Cuando era niña, mi padre solía golpear a mi madre delante de mi hermanita y de mí. Con sus puños le arrancó el amor y la felicidad. Debido a eso, prácticamente fui yo quien crió a mi hermana, mientras mi madre entraba y salía del hospital. Así que crecí con odio y falta de perdón contra todos.

"Aunque mi corazón estaba herido y se volvió hacia las cosas mundanas, mi madre comenzó a buscar a Dios, asistiendo al Ministerio

Internacional El Rey Jesús. Algunas veces me gustaba ir para complacerla; hasta que en un servicio sentí la presencia de Dios y comencé a cambiar. Empecé a servir en el culto de los jóvenes, y estaba en camino a convertirme en una líder de Casa de Paz. Pero mi gran problema era que nunca rechacé el pecado y, un día terminé en la cárcel. Mientras estaba allí, mi madre me enviaba material del Apóstol Maldonado y empecé a leerlo, desesperada por un cambio.

"Finalmente, una noche, encontré a Jesús. Vi la luz más brillante en medio de la oscuridad de mi celda; lo acepté en mi corazón y me arrepentí de mis pecados. Esa misma noche, el juez que conocía mi caso tomó la decisión de dejarme en libertad. Así que la semana siguiente volví a la iglesia, para cumplir con la promesa que había hecho. Ahora estoy totalmente comprometida con la visión de El Rey Jesús, soy líder de Casa de Paz, y ayudo a otras mujeres que estaban igual que yo".

Activación

Yesenia tuvo que caer en una cárcel para poder ser libre del odio y la falta de perdón contra su padre y contra todos. Sin embargo, usted puede ser libre ahora mismo.

Ore conmigo

Padre celestial, en este día, me humillo delante de Ti, reconozco mis pecados y Te pido perdón. Perdono a quienes necesitan mi perdón y me perdono a mí mismo. Rompo toda atadura con el odio, el resentimiento y la falta de perdón, y Te pido Señor que me liberes. Saca mi alma de la cautividad y llévame a vivir en la libertad de Tu Hijo Jesucristo. Te doy gracias Padre, porque sé que Tú ya lo hiciste. Amén.

24

"Sin un corazón abierto no hay una verdadera relación".

Toda relación parte de un corazón abierto, sea con Dios o con la gente. Cuando el corazón no está involucrado, existe algo mecánico que bloquea la manera correcta de hacer las cosas. Si deseamos tener una relación cercana con Dios y con las personas a nuestro alrededor, debemos abrir nuestro corazón. Por eso, debemos invertir en mejorar nuestras relaciones, con una motivación pura del corazón. Dios nos dio las emociones y sentimientos para que podamos conectarnos con la gente y podamos expresarnos. Así que, las emociones son reales y necesarias. Quienes bloquean sus sentimientos y las demostraciones de emoción, pisotean también un mover genuino del Espíritu Santo.

¿Está su corazón abierto o cerrado? ¿Se siente cómodo abriendo su corazón ante su cónyuge, o siente temor de hacerlo por alguna herida del pasado? Si usted ha bloqueado su corazón a causa de un problema antiguo, lo animo a expresarse. Abra hoy su corazón delante de Dios y comience a desarrollar relaciones fuertes con los seres que lo rodean.

El testimonio de Carlos Echeverry, uno de los hombres de negocio de El Rey Jesús, ilustra apropiadamente el tema. Esto es lo que nos compartió:

"Aunque me crié en un hogar católico, me sentía incapaz de mantener la estabilidad en mis relaciones, porque era un adicto al trabajo. Desde joven había logrado éxito en el difícil mundo empresarial, pero mi vida personal era un desastre. Me casé muy joven y tenía tres hijos, pero las fiestas, los viajes, la infidelidad y los celos obsesivos ocasionaron la ruptura de mi matrimonio. Después de divorciarme, tuve tres relaciones más donde se repitió el mismo patrón. Mi corazón se sentía constantemente cerrado a la gente, y mi último matrimonio estaba también al borde del divorcio, ya que vivíamos discutiendo constantemente. ¡Nada de lo que hacía para rescatar mi matrimonio funcionaba!

"Un día me encontré en la televisión con el programa del Apóstol Maldonado, y sus palabras llenaron de esperanza mi vida. Por primera vez sentí que Dios era real, y que Él me conocía, pues lo que decía el hombre de Dios, era exactamente lo que me pasaba a mí. En cierta ocasión, mi esposa y yo fuimos a una conferencia ofrecida en El Rey Jesús, y apenas abrí mi corazón ante Dios, comencé a experimentar una verdadera relación con Él. Dios me reveló Su amor de Padre, me hizo sentir que soy Su hijo, y Su presencia y poder sobrenatural comenzaron a cambiar nuestras vidas y a restaurar nuestro matrimonio. Las palabras del Apóstol Maldonado me dieron la convicción de que mi vida tenía propósito, y que todo lo que el Señor me había dado (talento, riquezas y recursos) era para ayudar a avanzar el Reino. Ahora soy un hombre nuevo, un apasionado por Dios; he aprendido a trabajar con Dios; mi matrimonio ha sido restaurado y, junto con mi esposa, mantenemos un ministerio para la gente de negocios, en el que comparto sobre el poder de Dios para transformar cualquier situación, por difícil que parezca".

Activación

Como Carlos, usted también puede abrir su corazón delante de Dios y comenzar una nueva relación con nuestro Padre celestial y con su familia. ¡Atrévase a comenzar hoy!

Ore conmigo

Padre celestial, Tú conoces mi corazón y nada te es oculto. Hoy confieso con mi boca lo que he venido callando durante mucho tiempo. (Ahora, cuéntele a Dios los problemas que tiene con su esposa, con sus hijos, con sus padres; incluso con Él mismo). Señor, te pido perdón. ¡Sana mi corazón y rescata mi alma! Quiero amarte y servirte, desde ahora y para siempre. Oro en el nombre de Tu Hijo Jesucristo. Amén.

25

"Lo sobrenatural fue diseñado para ser experimentado y después ser entendido".

La Biblia enseña que: *"Por la fe entendemos haber sido constituido el universo por la palabra de Dios, de modo que lo que se ve fue hecho de lo que no se veía"* (Heb. 11:3). En el ámbito natural, primero usted tiene una experiencia que capta a través de sus sentidos, luego la razona y después la cree. Sin embargo, en Dios, cuando usted cree, está listo para vivir la experiencia; después la entenderá. Es que lo sobrenatural primero debe ser experimentado. Muchos han intentado someter lo sobrenatural al juicio de la razón. Ellos piensan que, si no entienden algo, no es real y no existe; pero eso no es así, porque si lo entendieran dejaría de ser sobrenatural. Hoy le animo a que tenga un encuentro sobrenatural con Dios. Él no es una teoría o una fuerza, sino una persona. El Espíritu Santo tiene emociones, mente y voluntad. Dios quiere tener una relación con Sus hijos e hijas en la tierra. Dispóngase a experimentar el amor y la presencia de Dios, no solo hoy, sino cada nuevo día. ¡Prepárese para un encuentro sobrenatural!

Yazmín Morales, una joven madre mexicana, tuvo que poner a un lado el entendimiento y la razón para creer que Dios podía sanar a su hija. Ocurrió durante el Encuentro Sobrenatural México, y éste es su testimonio:

"Desde que nació mi hija los médicos le diagnosticaron que tenía paladar hendido, le faltaba la campanilla de la boca, y además tenía fisura palatina, que es un hueco entre la boca y la nariz, por donde la comida se podía filtrar, y ahogar a mi niña. Los médicos me dijeron que por lo menos necesitaría nueve operaciones para reconstruir lo dañado y construir lo que hacía falta. ¡Gracias a Dios, no necesitó ir al quirófano! En agosto de 2015, mientras miraba un programa a través de Enlace TV, sin saber quién era el que estaba predicando, recibí una palabra que me hizo creer en la grandeza de Dios. El Apóstol

Maldonado estaba diciendo que había una mujer que tenía una niña con el paladar hendido, y que Dios la iba a sanar esa noche. Aunque yo no sabía ni entendía cómo podía ser posible eso, recibí la Palabra, y me agarré con fe a lo que decía el Pastor. Con fe oré por mi hija, y esperé tranquila al siguiente día, cuando llevé a mi niña al médico. El doctor confirmó que el milagro se había producido. El paladar, la campanilla, y todo lo que le faltaba fue reconstruido. Incluso la membrana que le faltaba entre la nariz y la boca, fue creada por Dios. Mi niña fue sanada totalmente por el poder de la oración".

ACTIVACIÓN

Como la mujer del testimonio anterior, usted también puede recibir el poder sobrenatural de Dios, haciéndole un puente a la razón. Solo necesita creer que Dios lo puede hacer. ¿Está listo para recibir su milagro?

ORE CONMIGO

Señor Jesús, yo reconozco que tienes poder más que suficiente para hacer las cosas que resultan absurdas para los hombres. Hoy dejo de razonar cómo vendrá mi milagro, porque jamás podré entender cómo Tú haces las cosas que los humanos llamamos "imposibles". Los milagros no tienen que entenderse, solo deben recibirse. Así que, aunque mi cerebro no alcance a comprenderlo, hoy abro mi corazón, y ¡sencillamente Te creo! ¡Hoy es el día de mi milagro! ¡Recibo mi milagro! Amén.

26

"Donde el conocimiento y la revelación de Dios no existen, el enemigo levanta una fortaleza".

Una de las armas más usadas por el enemigo es la ignorancia. Cuando somos ignorantes en algún área, allí el enemigo levanta fortalezas. Por eso, no solo debemos buscar el conocimiento en los libros, sino el conocimiento revelado de Dios. Él quiere que salgamos de la ignorancia, y lo conozcamos en el ahora a través de Su Palabra y Sus obras. ¿Por qué? Porque cuanto más conocimiento tengamos, más campo le ganamos al enemigo, y no podrá atacarnos, porque somos portadores de la luz de Dios.

El conocimiento revelado de Dios está ligado a la venida de Cristo. Por eso, siempre es Dios quien escoge revelarse a aquellos que desean conocerlo y quieren tener una relación íntima con Él. Por lo mismo, Jesús escondió los misterios del Reino a los religiosos de Su época, y nos enseñó a no darle perlas a los cerdos (Mt. 7:6). Termino diciéndole que su fe solo será débil en las áreas donde no tenga revelación. Por eso, hoy lo invito a fortalecer su fe buscando a Dios de todo corazón, y adquiriendo de Él mayor conocimiento revelado.

Donde no hay conocimiento divino, el diablo hace de las suyas. Esto lo vivieron Welkins y Julissa Leonardo, una pareja de nuestra iglesia en Miami. El siguiente es el testimonio de ella:

"Durante 5 años nuestro matrimonio era un caos. Mi esposo era muy celoso y se imaginaba cosas que no existían, peleaba conmigo constantemente, había amor, pero no había paz. Nosotros éramos ignorantes de lo que Dios espera de un matrimonio, y como resultado, el enemigo se levantó en nuestra contra.

"Finalmente llegué a la iglesia El Rey Jesús. Mi esposo no quería ir a los servicios ni comprometerse con Dios. Aun así, yo me registré en un discipulado, entendiendo que tenía que hacer cambios radicales en nuestra vida. Tuve que hacerlo pese a que mi esposo no quería. Aprendí que para pelear se necesitan dos; entonces comencé a cerrar la boca y a no darle cabida al diablo. En lugar de pelear comencé a orar e interceder. En el discipulado comencé a adquirir conocimiento y sabiduría divinos, y pude derribar las fortalezas que existían en nuestra relación. Poco a poco mi esposo se fue apasionando por Dios; hasta que ésta se convirtió en una pasión desenfrenada por servir y por correr la visión de la iglesia.

"Dios restauró nuestro matrimonio que estaba destrozado, pero no fue una restauración instantánea. Fue como subir una escalera lentamente, un escalón a la vez. Gracias al discipulado aprendí que en el matrimonio uno de los dos tiene que tomar la decisión de acercarse a Cristo, no importa quién sea el primero, lo importante es que uno de los dos doble rodillas. Al final, el otro también lo va a hacer. Ahora camino bajo la promesa de Josué 24:15 que dice: ¡Yo y mi casa serviremos a Jehová!"

Activación

Julissa Leonardo luchó por su matrimonio, y con la ayuda de Dios venció. No sé por qué usted tiene que pelear hoy, pero sí sé cómo puede vencer: Santiago 4:7 ofrece la estrategia perfecta: *"Someteos, pues, a Dios; resistid al diablo, y huirá de vosotros"*. ¿Quiere comenzar a derribar las fortalezas del enemigo hoy?

Ore conmigo

Padre celestial, Tu diestra es poderosa para derribar fortalezas y Tu amor cubre multitud de pecados. Hoy Señor, recibo Tu conocimiento revelado, me tomo de Tu mano, y decido amarte y servirte solo a Ti. Al hacerlo, el diablo tiene que huir de mi mente, de mi casa y de mis finanzas. Te doy gracias Padre, en el nombre de Jesús, amén.

27

"Carne, es todo lo que carece del control
e influencia del Espíritu Santo".

Todo lo que somos y poseemos, si no es tocado por el Espíritu Santo, la Biblia lo llama "carne". La naturaleza carnal nos lleva a actuar independientes de Dios. Esa independencia abre puertas al pecado, el cual termina dominando a la persona, hundiéndola en esclavitud, culpabilidad y condenación. Carne, es la naturaleza vieja, el viejo hombre, y cualquier cosa que no esté expuesta a la luz del Espíritu Santo. Quiere decir que podemos estar haciendo buenas obras, incluso con buena intención, pero si no fueron inspiradas por Él, son guiadas por la carne. Inclusive la alabanza y la adoración, si las hacemos para que alguien nos vea, y no son guiadas por el Espíritu Santo, resultan ser una obra de la carne. ¡Dios no las recibe! Si el enemigo descubre que la naturaleza pecaminosa está activa; si ve que hay algo que le da acceso legal, entonces atacará nuestra vida. ¿Cuál es el reto de hoy? Caminar íntegros ante la presencia de Dios, y recordarle al príncipe de este mundo que él nada tiene en nosotros (Jn. 14:30).

Sugeily Bermúdez nos muestra cómo al morir a los deseos de la carne, las drogas, el alcohol y el sexo, Dios la levantó como poderosa guerrera. Los invito a leer su testimonio:

"Mi padre era un alcohólico y desde niña me abusó sexualmente. No se lo dije a mi madre por vergüenza y miedo. Eso trajo como consecuencia que aún de niña empezara a masturbarme, hasta que finalmente comprendí que ese deseo descontrolado de la carne era consecuencia del abuso sexual que había sufrido durante años.

"A los 17 años me armé de valor y se lo dije a mi mamá, pero ella no me creyó, y mi padre negó todo rotundamente. Nadie me creyó, por el contrario, mi familia reaccionó de tal forma que me hizo sentir culpable, y eso afectó mucho mi vida. Desde entonces, no solo me sentí abusada sino además rechazada. Busqué el amor en hombres y mujeres, y comencé a involucrarme en drogas, alcohol y sexo. No tenía futuro ni sabía dónde ir.

"En medio de todo el rechazo, un amigo constantemente me invitaba a su Casa de Paz, y eso empezó a causarme curiosidad. Finalmente acepté su invitación, y esa fue la noche más maravillosa de mi vida, porque por primera vez sentí la presencia de Dios. Me sentía como una bebé en los brazos del Padre, y Jesús me llenó de Su amor. Ese día confesé ante Dios todos mis pecados, y le entregué los vicios de mi carne. Cuando el Espíritu Santo entró en mi vida, me liberó de falta de perdón hacia mi padre y toda mi familia, del rechazo, la depresión y todos los vicios. Ahora, Dios me usa poderosamente. Es un privilegio y una felicidad poder servir al Señor para cambiar la vida de otras personas".

ACTIVACIÓN

El caso de Sugeily involucra inmoralidad sexual, drogas, alcohol, rechazo y falta de perdón. Lamentablemente los espíritus diabólicos no atacan solos, siempre lo hacen en pandillas. Por eso, cuando alguien camina en la "carne" le cierra toda influencia al Espíritu Santo. Sin embargo, hay un camino hacia la libertad. ¿Le gustaría conocerlo?

OREMOS JUNTOS

Padre celestial, reconozco que he pecado contra el cielo y contra Ti. Te pido perdón y me arrepiento de haberte ofendido. Confieso con mi boca y creo con mi corazón que Jesús murió y resucitó para darme libertad. Ahora, el nombre de Jesús destruyo las obras de la carne, Su sangre me limpia y Su Palabra me transforma. Hoy el Espíritu Santo reposa sobre mí. ¡Soy libre! ¡Cristo lo hizo!

28

"Alguien con una experiencia no está a merced de alguien con una opinión".

Dios no nos llamó a argumentar sino a testificar de lo que hemos visto, oído y experimentado. Quien no ha tenido una experiencia con el Dios vivo, puede ser bueno discutiendo sobre teología, pero a menudo perderá sus argumentos porque no podrá probar lo que dice. Conocer a Dios no es una ciencia. ¡Es una experiencia! Así que no hay nada que discutir al respecto, porque la veracidad de una experiencia no puede ser refutada. El que ha tenido una experiencia con Dios jamás estará a merced de otro que solo tenga una opinión. Podemos testificar de todo lo que Dios ha hecho en nuestra vida, pero el propósito principal siempre debe ser glorificar al protagonista de nuestros testimonios: Cristo resucitado (Hch. 17:3). Porque lo he comprobado muchas veces puedo decir que, quien tiene una experiencia con el Dios Todopoderoso recibe osadía, y sus palabras se llenan de seguridad y convicción.

Debido a que antes anduvo en la brujería, el Pastor Antonio Bracho hoy reconoce que los demonios tienen poder. Sin embargo, después de haber conocido al Dios Todopoderoso, sabe que una sola palabra de la boca de Dios es capaz de transformar vidas. Ahora nadie le puede echar un cuento, porque él ha experimentado a Dios. Conozca su testimonio:

"Ahora soy Pastor en Venezuela, pero durante 20 años estuve involucrado en la brujería. Participé en magia negra, espiritismo, bajé demonios, usé velones, tabaco y todo lo referente a la brujería y santería. Un día fui a comprar mis materiales para hacer un trabajo de brujería, pero mientras iba caminando pasé por un lugar donde vendían DVDs, y vi un video donde estaba predicando el Apóstol Maldonado. Él decía: *"Lámpara de Jehová es el espíritu del hombre, la cual escudriña lo más profundo del corazón".* Desde ese momento me sentí como un cochino, sentí asco de mí mismo. Después de esa experiencia con Dios, solté todo lo que llevaba en las manos, destruí los altares que tenía en mi casa, limpié por completo mi hogar, y empecé a buscar más conocimiento de Dios. Todo empezó por sentir en un momento la presencia de Dios. Ahora soy Pastor de jóvenes, tengo una iglesia, y Dios me usa para sacar a los muchachos de la calle, las drogas y la brujería. He probado lo malo y también lo bueno. Nadie puede decirme que Dios no existe o que no tiene poder, porque una sola palabra de Él cambió mi vida".

ACTIVACIÓN

Tal como lo hizo con el Pastor Bracho, hoy, el Señor quiere darle a usted una experiencia genuina. Él quiere llenarlo de Su presencia, denuedo, amor y poder. ¿Está listo?

OREMOS JUNTOS

Espíritu Santo, revélame al Padre. Llévame a vivir una experiencia con el Dios vivo, para no vivir pendiente de la opinión de los demás. Muéstrame al Dios que transforma generaciones completas. Santo Espíritu, lléname de Tu amor, Tu perdón, Tu sabiduría y dame revelación de las cosas eternas. Reposa en mí, Espíritu de Dios, y transfórmame de adentro hacia afuera. Te lo pido en el nombre de Jesús, amén.

29

∞∞

"La cruz es la base para la provisión absoluta de Dios a la humanidad".

∞∞

Cuando Jesús estaba a punto de morir en la cruz, Sus últimas palabras fueron: *"Consumado es"* (Jn. 19:30). Consumado significa pagado, cancelado, provisto. ¿Qué fue pagado? La deuda completa por nuestros pecados. Además, Él proveyó todo lo que necesitamos: sanidad, salvación, finanzas, liberación, restauración y mucho más. Así que, si algo nos hace falta hoy, solo tenemos que ir a la cruz y tomarlo, porque todo ya fue pagado, no solo la salvación. Si usted amado lector, necesita sanidad en su cuerpo, hoy es el día de recibir su milagro, porque Jesús ya pagó para que usted sea sano. De la misma forma, Cristo proveyó en la cruz para toda necesidad emocional, física o espiritual. Solamente tenemos que recibirla por fe. ¡Jesús murió por usted y por mí! Declare que hoy está sano y libre en el nombre de Jesús, y verá como su milagro comienza a suceder. ¡Recíbalo ahora!

Olinka Coll, quien había sido diagnosticada con desorden del sueño, además de bipolaridad, depresión y ataques de pánico, es un testimonio vivo de la provisión completa de la cruz. Conozca su historia:

"Desde el día que fui violada, en Cuba, cuando apenas tenía 6 años, no pude volver a dormir bien. A los 15 años me volvieron a violar, y eso, unido a la vida abusiva, hostil y estresante que tenía con mis padres, empezó a volverme loca. Pase casi 36 años sin dormir bien. El pánico y el estrés me despertaban sobresaltada y no podía conciliar el sueño.

"Con el tiempo, vine a los Estados Unidos, me casé y tuve una niña, pero cuando mi hija tenía cuatro años se salió del centro infantil donde la cuidaban y las maestras no la encontraban. Cuando me avisaron que mi hija estaba perdida, volví a tener otro ataque de pánico y estrés, pero esta vez fue tan fuerte que empecé a tener problemas mentales y fui diagnosticada como bipolar.

"Eso continuó por años, hasta que un día me invitaron a la iglesia El Rey Jesús, y durante un retiro para nuevos creyentes encontré la paz de Dios que tanto necesitaba. Me apropié del poder de la cruz, dejé en el altar todos los medicamentos y los cigarrillos que traía, y nunca más los volví a usar.

"Por primera vez en 36 años pude dormir tranquila. Hoy, le doy gracias a Dios por traerme a esta iglesia. El Señor cambió mi vida radicalmente, me liberó y me sanó completamente de bipolaridad, pánico, estrés y depresión".

ACTIVACIÓN

Como Olinka, usted también puede encontrar en la cruz la provisión absoluta de Dios para cada una de sus necesidades. Deje sus cargas, problemas, enfermedades, relaciones rotas, ansias e incredulidades al pie de la cruz. Cristo le proveerá todo lo que necesite. ¿Quiere comprobarlo?

OREMOS JUNTOS

Señor Jesús, la Palabra nos enseña que en la cruz ya todo fue pagado. Tú moriste y resucitaste para que nosotros tengamos vida en abundancia. Hoy me apropio del poder de la cruz y declaro que soy libre de ataduras, enfermedades, dolencias, ataques en mi mente y toda maldición. Me declaro libre, sano y próspero en todas las áreas de mi vida. ¡Ahora recibo mi milagro, en el nombre de Jesús!

30

"Jesús no envió a sus discípulos sin darles poder y autoridad para echar fuera demonios".

La Biblia nos enseña que Jesús, antes de enviar a Sus discípulos, lo primero que hizo fue llenarlos de poder sobrenatural para predicar el evangelio del Reino, sanar enfermos, curar leprosos, resucitar muertos y echar fuera demonios (Mt. 10:7-8). Vivimos tiempos de maldad, y nuestra generación ha sido expuesta a fuerzas demoniacas que nunca antes se habían visto. La buena noticia es que cuando vamos en el nombre de Jesús, no importa si somos pastores, ministros, líderes, o solo creyentes, ¡todos tenemos poder! Mientras viva bajo sumisión a Jesús y sea enviado por sus autoridades, tendrá Su poder. Dios me ha dado el privilegio de entrenar y equipar a miles de discípulos de Cristo, en nuestra iglesia local y alrededor del mundo. A cada uno, antes que salgan a predicar el evangelio yo los envío, aplicando el mismo principio, y desato el poder de Dios sobre ellos para sanar enfermos, levantar muertos y destruir las obras del diablo. El mismo poder que se movió en Jesús, en Su resurrección, está sobre usted.

Como testimonio, le describo lo que ocurrió en Bolivia, antes y durante el Encuentro Sobrenatural que realizamos en ese país sudamericano:

"En diciembre pasado, yo mismo envié, equipé y comisioné a algunos líderes de los jóvenes de la iglesia, para que fueran a ministrar en una conferencia de jóvenes llamada "Tiempo de Reforma", en la ciudad de Cochabamba, Bolivia. Fueron asignados para activar y movilizar a los jóvenes bolivianos para que lleven el poder sobrenatural de Dios a su país, y que promuevan el Encuentro Sobrenatural que se realizaría en Santa Cruz de la Sierra. Con hambre de transformación y llenos de esperanza, los jóvenes recibieron una activación sobrenatural para alcanzar a los perdidos. El resultado de esa activación fue un avivamiento en cada joven y el reto de traer miles de personas al Encuentro.

"La Iglesia en Bolivia se unió y envió más de 800 evangelistas para predicarle a la gente en Santa Cruz e invitarla al Encuentro Sobrenatural de junio. Fueron a las escuelas, negocios, mercados y centros comerciales. Jóvenes y viejos por igual, llamaron a la puerta de cada casa para compartir las buenas noticias del Reino. Oraron por los enfermos, echaron fuera demonios, profetizaron y mostraron el amor sobrenatural de Dios.

"Como resultado de ese gran esfuerzo conjunto, hubo más de 140,000 confesiones de fe documentadas, algo nunca antes visto. ¡El fruto del arduo trabajo se hizo aún más evidente cuando comenzó la cruzada de milagros, donde vimos la mayor multitud reunida en América del Sur durante un Encuentro Sobrenatural: ¡300 mil personas! Para la gloria a Dios, todas esas personas fueron añadidas al cuerpo de Cristo en Bolivia".

ACTIVACIÓN

Quizá esté pensando: ¿Por qué salgo a evangelizar y mi grupo no crece? Puede haber muchas razones, pero le pregunto: ¿Fue enviado o se envió usted mismo? Quizá su pregunta sea: ¿Por qué envío gente a evangelizar, y los resultados son muy pobres? La respuesta es: ¿Van entrenados y equipados con poder y autoridad? Lo invito a que vayamos delante de Dios.

ORE CONMIGO

Padre celestial, reconozco que hay poder en ser enviado, por eso, donde quiera que me envías, voy sometido a Ti y a mis autoridades, con el compromiso de dar cuentas, porque sé que eso me protege y trae bendición. Hoy, recibo poder y autoridad para predicar el evangelio del Reino, para sanar, resucitar y echar fuera demonios. Espíritu Santo, dame sabiduría del cielo y discernimiento para caminar siempre bajo autoridad. Lo pido en el nombre de Jesús, Tu Hijo amado. Amén.

31

*"Ninguna transformación es permanente
hasta que renovemos nuestra mente".*

E n Romanos 12:2 la Escritura nos enseña a no conformarnos, sino a ser transformados por la renovación de nuestro entendimiento. Cuando la mente no está en continua transformación, es fácil que se conforme al problema con el que estamos lidiando. La renovación de nuestra mente nos da acceso a lo sobrenatural, y bajo la inspiración del Espíritu Santo comenzamos a manifestar la transformación total de nuestro carácter y comportamiento. Dios quiere que muramos al viejo hombre, a nuestra vieja manera de pensar, al viejo estilo de vida, y que abramos la mente a las grandes cosas que Él tiene para nosotros. Si no renovamos nuestro entendimiento, no seremos transformados en nuestro ser total, y podemos perder la vida, porque el estancamiento trae muerte espiritual. Por ejemplo, he visto personas a quienes Dios las liberó de baja autoestima, siendo atacadas nuevamente por el enemigo, porque nunca tomaron tiempo para renovar su mente y conocer quiénes son en Cristo. El enemigo atacó su mente diciéndoles, "no sirves", "no puedes", hasta que finalmente perdieron su liberación. Por tanto, si queremos una transformación permanente, de continuo debemos estar renovando nuestra mente.

Conozco a alguien llamado Joshua Wesson, que fue diagnosticado con bipolaridad, ansiedad y depresión. Para los médicos esa enfermedad es incurable, y lo primero que recomiendan es que nunca abandonen el tratamiento médico; pero él le creyó a Dios. Su testimonio le sorprenderá:

"En 2004 fui diagnosticado con depresión clínica. En los años siguientes mi estado empeoró, hasta que en 2011 fui hospitalizado alrededor de siete veces. Los médicos determinaron que sufría de Trastorno de Estrés Post-Traumático (TEPT), ansiedad, depresión, bipolaridad y esquizofrenia.

"Mientras crecí jamás había experimentado a Dios; pero con el tiempo, mi familia y yo empezamos a ir a las iglesias. En todas, los pastores me decían que no creían que fuera posible salir de la depresión. Los médicos tampoco sabían qué hacer conmigo. Una cosa era cierta: tenía un desequilibrio químico cerebral. Entonces me sometieron a un tratamiento que estabiliza esos valores químicos, y por un tiempo me sentí normal, pero pronto me convertí en adicto.

"Hasta que finalmente llegué a El Rey Jesús. Aunque mi corazón era duro y mi mente religiosa, allí recibí la revelación de que Jesús fue a la cruz por mí, y pude reclamar mi sanidad. Pero tenía que renovar mi mente, derribar las fortalezas que el enemigo había levantado, arrancar las vendas de la religión y, además, dejar de consumir las píldoras para la depresión. Un día, mientras adoraba a Dios en mi casa, me paré y tiré toda la medicina. Le dije a Dios, ¡Señor te creo! Esa frase desató la transformación total de mi mente. ¡Dios me sanó por completo!"

ACTIVACIÓN

Quizá usted esté sufriendo una enfermedad incurable, o no tiene éxito en los negocios; tal vez fue marcado con frases crueles de sus padres o sus autoridades, y eso no lo deja avanzar. Cualquiera sea su situación, Dios tiene la solución. Él quiere transformar su mente hoy. ¿Está usted listo?

ORE CONMIGO

Padre celestial, hoy muero a mi vieja manera de pensar, y abro mi mente a las grandes cosas que Tú tienes para mí. Renuevo mi entendimiento para ser transformado. ¡Señor te creo! ¡Sáname, libérame, cámbiame! ¡Padre, transforma mi vida hoy! Lo pido en el nombre de tu Hijo Jesucristo. Amén.

32

"Cristo tuvo que morir al hecho de que era Dios Todopoderoso".

Cuando Jesucristo el Hijo de Dios vino a la tierra, tuvo que dejar en el cielo el manto de Su divinidad, que es Su gloria. Como humano solo caminó con el manto de la unción, como un hombre ungido por el Espíritu Santo, como cualquiera de nosotros. Sin embargo, cada día tuvo que morir al hecho de que era Dios. Cuando lo abofetearon Él pudo haberse defendido y enviar ángeles que detengan o maten a quien lo abofeteó. Cuando el enemigo lo tentó diciéndole, "Convierte esas piedras en pan", eso para Cristo hubiera sido como tomarse un vaso de agua, pero solo hubiera complacido su propio ego, dejando a un lado la voluntad de Su Padre. Morir continuamente a Sí mismo, depender totalmente del Padre en todo lo que hacía, y operar como un hombre ungido por el Espíritu Santo, fue el principio que Jesús usó para moverse en el poder de Dios. Esto nos enseña que, para caminar en lo sobrenatural de Dios y recibir Sus bendiciones, debemos morir a nuestra carne y a nuestro ego, a diario.

El testimonio de Carlos Zambrano, el famoso lanzador venezolano de Grandes Ligas, ilustra la enseñanza de hoy. Carlos proviene de un hogar cristiano, pero pese a sus dones como beisbolista, su estilo de vida dejaba mucho que desear. Este es su relato:

"Recuerdo que, durante un juego en Guatemala, me sentí al borde de la muerte. Estaba mareado, tenía palpitaciones irregulares del corazón y mi presión arterial subía y bajaba de forma errática. Los médicos de Venezuela y Chicago me examinaron. Pasé 24 horas con un monitor en el corazón, pero no pudieron encontrar el problema. Estas complicaciones se prolongaron durante meses, hasta que consulté a mi médico personal, porque me conocía y sabía tanto de las cosas científicas como de las espirituales. Me dijo: 'Carlos, hemos hecho muchas pruebas, y nada sale mal. Lo que estás experimentando es algo espiritual. Dios te está llamando, te está dando una oportunidad'. Esas palabras fueron el comienzo de mi transformación; lo que me llevaría a buscar a Dios. Esa fue la mejor y más grande decisión que he tomado; mejor incluso que cuando decidí firmar para los Cachorros de Chicago o que cuando decidí casarme. Antes solía preocuparme por las cosas materiales y la vanagloria. Vivía en constantes peleas, no tenía paz y siempre estaba enojado. Pero, así como Jesús murió a Su gloria, yo tuve que morir a la gloria que ofrece el mundo para que Él transformara mi vida. Jesús sanó mi cuerpo, y me dio paz, alegría y propósito. Ahora mi esposa y yo nos contamos entre los ancianos de la iglesia El Rey Jesús, y puedo ver el amor y el poder de Dios todos los días".

Activación

¿A qué cosas usted tiene que morir? Carlos tuvo que morir a la vanagloria. Además, Dios tuvo que transformar sus emociones y lidiar con su carácter, antes de poder usarlo para Su propósito. Y usted, ¿está listo para morir?

Oremos juntos

Padre celestial, hoy decido morir cada día a las ofensas de la gente, la vanagloria del mundo, las bajas pasiones y la vana palabrería. Muero a hacer trampas en los negocios, a la infidelidad conyugal, a la hipocresía y a la falsa humildad. Amado Señor, pido perdón por haber pecado contra Ti. Así como Jesús tuvo que morir continuamente a Sí mismo, yo también decido morir a mi vieja naturaleza y depender solo de Ti, amado Dios. Gracias Señor. Amén.

33

"No podemos ver la presencia manifestada de Dios si no la buscamos".

S i queremos ver la presencia manifestada de Dios debemos bus-carla apasionadamente, y estar conscientes y sensitivos a ella. Necesitamos discernir y abrir nuestros ojos y oídos espirituales para "sentir" cuando Él viene. Buscar Su presencia es querer verlo cara a cara. Es como mirar a los ojos a alguien a fin de conocerlo. Buscar Su presencia es hacernos uno con Él en el Espíritu, para dejarlo ser y brillar a través de nosotros. Si no somos sensitivos, eso nos frenará de tener encuentros con Él. Personalmente puedo decirle que el Espíritu Santo me ha enseñado a tener una actitud de compromiso, adoración y respeto ante Su presencia. ¿Quiere usted ver la presencia manifestada de Dios? Búsquelo con pasión, temor, esmero y urgencia, por medio de la alabanza y la adoración. Comprométase, entréguese, ríndase a Él. Cuando Dios lo vea necesitado, urgido y desesperado por Su presencia, Él se manifestará y le revelará Su gloria. No podemos parar hasta que ocurra; esto implica orar hasta que veamos el rompimiento. Ahora, ¡vaya y toque a otros con la presencia de Dios!

El caso de Sandeep Khobragade, un hombre nacido en una familia hindú conservadora, me impresiona. Ahora él es cristiano, y mentor en El Rey Jesús Miami. Su testimonio le impactará:

"A los catorce años, mi tío me introdujo en la pornografía y la masturbación. Desde entonces, el miedo entró a mi vida, porque en la cultura hindú es imposible hablar de estas cosas con tus padres. ¡Me encontré totalmente atrapado e indefenso! Cuando me di cuenta, no podía dejar la masturbación por mi cuenta, y empecé a consultar ídolos y astrólogos, sin hallar respuesta. Así que, durante tres años estudié astrología, horóscopos, piedras astrológicas, mantras, rituales, pero nada me funcionaba. Entonces, el negocio de mi familia cayó en crisis y necesitaban mi ayuda, y como buen empresario hindú, viajé a

Estados Unidos en busca de nuevas oportunidades. Fue aquí que Jesús comenzó a revelarse a mi vida, una y otra vez. Pasé un año huyendo de los cristianos, orando a Saibaba (un Dios hindú), pero tampoco recibí respuesta. Un día me encontré con un amigo de la infancia, que era indio-cristiano, y Dios lo usó para llevarme a Jesús. Cuando reconocí que Jesús es la verdad, y que me había estado persiguiendo con Su amor, empecé a llorar y le entregué mi vida. Todo lo que sé es que cuando clamé a Dios, sólo Jesús se presentó. Él también me liberó de la pornografía, la masturbación, y la adoración a ídolos. Ahora mi esposa, mis dos hijas y yo servimos juntos en el ministerio".

ACTIVACIÓN

En la India hay miles de dioses, pero el hombre de este testimonio dice que cuando clamó a Dios, solo uno le respondió: Jesús. ¿Habrá otro Dios verdadero? ¿Quieres buscar Su rostro?

OREMOS JUNTOS

Padre celestial, en medio de la adversidad clamé, y Tú me respondiste y me libraste de las acechanzas del enemigo y de todas mis angustias. Más de una vez me has probado Tu fidelidad. Tú eres el único Dios verdadero. Ante Ti derramo mi corazón; anhelo ver Tu rostro. Hoy, hago un compromiso contigo; me entrego y me rindo ante Ti Señor del cielo. ¡Quiero conocerte más! ¡Tengo hambre de Ti! Padre, manifiesta Tu presencia y muéstrame Tu gloria. ¡Gracias Padre! Amén.

34

"Pase horas con Dios y minutos con los hombres".

Jesús tenía una vida de oración continua, constante y perseverante, la cual era el motor que movía todos los milagros y maravillas que hacía. Él aplicaba un principio magistral: pasaba horas en comunión íntima con el Padre, de manera que, sanar a un enfermo, devolverle la vista a un ciego o resucitar un muerto, le tomaba pocos minutos. Tristemente, muchos líderes cristianos hacen lo contario; pasan horas ministrando, consolando y aconsejando a la gente, porque invierten poco tiempo con Dios. Las consejerías son largas y las liberaciones duran horas, porque la gente invierte más tiempo con los hombres que con Dios. Jesús es el modelo que yo sigo, por eso invierto horas con Dios; de ahí que, cuando voy a ministrar a la gente, no tengo que gastar horas y horas. Me toma solo minutos darle la palabra que el Espíritu Santo ya me reveló. Hoy lo animo a que haga lo mismo. Invierta más horas con Dios, para que cuando ore por un problema, éste rápidamente se solucione, porque Dios lo habrá guiado en esa dirección.

El Pastor John Jiménez, de Venezuela, sabe lo que eso significa. Aprendió a pasar horas con Dios, y Él lo respalda con milagros. Éste es su testimonio.

"En la última Escuela Sobrenatural del Ministerio Quíntuple (ES-MQ), recibí una Palabra del Apóstol Maldonado. Nos dijo a mi esposa y a mí: 'Yo los asigno y los envío para que hagan una cruzada de 2 o 3 días, lo que el Espíritu de Dios les dirija. De inmediato llamamos a Venezuela e hicimos planes. Cuando llegamos a Venezuela, desde el primer día pudimos experimentar el poder de Dios. Había un niño que había perdido la visión en un ojo, debido a que cuando corría en la finca de su papá, se cayó y se lastimó. Cuando oramos por el niño, se sanó y empezó a gritar ¡Estoy viendo, estoy viendo! Con la experiencia de este niño, la gente empezó a llegar de diferentes comunidades. El primer día de la cruzada hubo 3 mil personas, pero al siguiente día eran más de 4 mil personas. Otra niña, había nacido con un solo riñón y necesitaba ser operada, pero no hallaban un donante compatible. Dios me dio una palabra, y dije: 'Hay una persona que necesita un riñón' y la mamá de la niña salió corriendo y gritando ¡es mi hija! Yo declaré, en el nombre de Jesús, que ese riñón aparecía. En ese momento, se desató algo tan poderoso que la niña cayó al suelo y empezó a gritar que algo le quemaba al costado. Cuando la niña fue al médico, comprobaron que tenía los dos riñones. ¡Dios hizo el milagro!"

ACTIVACIÓN

¿Le impresiona el poder de Dios? Usted también puede caminar en el poder sobrenatural, si decide pasar más tiempo con Él. ¿Está dispuesto a hacerlo?

OREMOS JUNTOS

Padre celestial, en este día decido consagrar mi vida a Ti. Me comprometo a pasar más tiempo en Tu presencia, buscar Tu rostro, y a hacer de nuestra relación una de intimidad y amor incondicional. ¡Amo Tu presencia! Te reconozco como mi Padre, Señor, Dios y Salvador. Ahora Te pido que uses mi boca, mis manos, mi boca y todo mi cuerpo para obrar milagros en medio de Tu pueblo. Prometo siempre darte la gloria y la honra. Amén.

35

"Los demonios entran en la vida de alguien cuando sus muros de protección están caídos".

El enemigo siempre tratará de entrar a su vida en los momentos de mayor debilidad espiritual, cuando sus muros de protección son fáciles de derribar. ¿Qué hacer para fortalecer nuestros muros espirituales? Orar, ayunar, alabar, adorar y negarnos a nosotros mismos; todo eso nos fortalecerá para gobernar nuestra carne y echar fuera al enemigo. Al cubrirnos con la sangre de Cristo nuestro espíritu se fortalece y el enemigo no puede penetrar. Quienes viven sin protección, pierden la capacidad de gobernarse, y terminan permitiendo la entrada de espíritus malos a su vida. Si está luchando con miedos, ansiedad, ira, resentimiento, odio o celos, es hora de levantar sus muros espirituales de protección. Si está batallando con duda, incredulidad, depresión; o si miente, difama, chismea o blasfema, hoy debe arrepentirse, pedir perdón a Dios y comenzar a levantar sus muros de protección. Si continuamente cae en pornografía, adulterio, homosexualidad, fornicación o masturbación, necesita ser libre y fortalecerse en el espíritu. Si lucha con adicciones a pastillas, alcohol o nicotina, ¡sea libre hoy! ¡Levante sus muros espirituales, en el nombre de Jesús!

En el siguiente testimonio, usted verá que los demonios entraron a la vida de un joven llamado Julio Valdés porque sus muros de protección estaban caídos. Cuando él fue cercado, no sólo recibió el milagro de la sanidad, sino también la liberación. Éste es su testimonio:

"Desde niño, mis dos hermanos y yo sufrimos maltrato físico y psicológico. Nuestro padre biológico nos golpeaba, nos encerraba en el closet para no oírnos llorar, y robaba la comida para cambiarla por drogas. Mamá poco podía hacer, pues era alcohólica y drogadicta.

"En la adolescencia, los médicos nos diagnosticaron bipolaridad. Traté de matar a mi propia madre, y terminé en la cárcel. Cuando salí, encontré que toda mi familia se había mudado a Nueva York, y tuve que vivir en la calle por mucho tiempo. Cuando a mamá le fue mal en Nueva York, regresó a Miami con su nueva pareja, un hombre que sí estaba dispuesto a ayudarnos. Aquí conocieron a María Céspedes, una evangelista de El Rey Jesús, y todos recibimos a Cristo. Con su ayuda, mi familia fue restaurada, y el poder de Dios nos sanó de esquizofrenia, depresión y bipolaridad. Por primera vez, alguien oró por nosotros, nos bendijo y levantó muros espirituales de protección a nuestro alrededor. Los demonios nunca más volvieron a atacarnos. Ahora vivimos en un hogar estable y seguro, hemos aprendido a protegernos espiritualmente, y estamos aprendiendo la Palabra para ir a servir a Dios".

ACTIVACIÓN

Como Julio, usted también puede edificar muros de protección alrededor de su vida y de su familia. Necesita con urgencia reforzar su seguridad espiritual. ¿Quiere comenzar a construir sus muros hoy?

ORE CONMIGO

Padre celestial, vengo delante de Ti a pedirte perdón por haber permitido que el enemigo entre a mi casa, mi mente, mi vida, y ataque a mi familia. Hoy, en el nombre de Jesús derribo toda fortaleza que el diablo ha construido para atacarnos. Tu Palabra me exhorta a resistir al diablo hasta que huya. Ahora mismo, levanto muro y antemuro alrededor de mi vida, y elevo un cántico de confianza en la protección de mi Dios. ¡Haya paz y seguridad en mis días! Amén.

36

"Dios no se manifestará donde no haya necesidad de Él".

Todos los dones, el poder de Dios y la manifestación de Su presencia, sirven siempre para un solo propósito: suplir las necesidades de la gente. Si creemos que no necesitamos a Dios, o si Jesús no ocupa el primer lugar en nuestro corazón, Él no se manifestará. En los días de Jesús, los religiosos y los maestros de la ley no le reconocieron porque estaban cómodos con lo que hacían, creían que no necesitaban a Dios, aunque en realidad sus oídos no estaban preparados para conocer la verdad. Sin embargo, aquellos que sí reconocieron a Jesús, los que siempre estuvieron conscientes de sus debilidades, quienes vivían sumergidos en pecado, los que habían tratado todo y comprobaron que nada les funcionaba, ¡ellos sí necesitaban un milagro! En realidad, todos necesitamos el poder de Dios en una o más áreas de nuestra vida. De ahí que, si alguien cree no necesitar a Dios para suplir sus necesidades, Él no se manifestará. En este día, le animo a que dependa exclusivamente de Dios, y reconozca que lo necesita todos los días de su vida.

El empresario brasilero, Jonás Belinaso, sabe lo que es depender exclusivamente de Dios. Estaba supuesto a cumplir 100 años de cárcel por lavado de dinero, pero cuando necesitó a Dios, Él se manifestó y lo libró. Conozca su testimonio:

"Yo era un empresario exitoso. Tenía negocios en casi todo el mundo, y empresas en Suramérica y algunas partes de Europa, pero un día fui acusado injustamente de lavado de dinero por mis propios empleados. Fui condenado a 100 años de cárcel, me pusieron un grillete en el pie, y me llevaron a la cárcel federal de Miami sin derecho a fianza. Para entonces, ya había recibido a Jesús como mi Señor, pero vivía una vida mundana. Al llegar a mi celda, caí en cuenta que el único que podía salvarme era Dios. Así que, de rodillas y quebrantado le hablé a

Jesús e hice un pacto con Él, pidiéndole que me librara de esos cargos injustos. Le dije que si lo hacía le serviría el resto de mi vida. ¡Sorprendentemente, fui liberado al tercer día, en espera de juicio!

"Al salir, recordé mi promesa y fui a la iglesia El Rey Jesús. Días después recibí una palabra profética, diciéndome: "El día del juicio el fiscal tendrá una confusión y todos los que te acusan serán avergonzados". Cuatro de mis antiguos empleados se presentaron a la Corte para atestiguar contra mí. Sin embargo, al momento de presentar la acusación, al fiscal se le enredó la lengua y no se le entendía lo que decía; el juez, disgustado, lo mandó a callar y mi caso fue cerrado. ¡Dios se manifestó cuando más lo necesitaba! Ahora mi familia y yo hemos recuperado lo que el enemigo trató de robarnos".

Activación

Como en el testimonio anterior, usted necesita estar consciente que nadie más lo puede ayudar. Solo el poder sobrenatural de Dios puede sacarlo del atolladero donde se ha metido. ¿Necesita la presencia de Dios ahora mismo?

Oremos juntos

Padre celestial, reconozco que Te necesito. Sé que hasta ahora he vivido alejado de Ti, sumergido en el pecado, la apatía y los placeres del mundo. He probado todo y he comprobado que nada me funciona. Necesito Tu poder sobrenatural en cada área de mi vida. Por eso hoy clamo a Ti, amado Dios. Manifiesta Tu presencia, Señor. ¡Necesito Tu poder sobrenatural!

37

"El futuro es el presente eterno pospuesto".

La Biblia nos enseña que la fe es ahora, y todas las cosas después de la cruz fueron desatadas en el ahora. Entonces, ¿por qué esperar que algo suceda en el futuro cuando en la eternidad ya está hecho? Lo que pasa es que hemos sido entrenados para orar y luego esperar que el milagro se manifieste. Sin embargo, nuestro Dios es el Dios del "aquí y ahora". Él anuncia: *"lo por venir desde el principio"* (Is. 46:10). Por tanto, si declaramos que algo ocurrirá en una semana, un mes o un año, eso es lo que sucederá. Cuando creemos que los milagros ocurrirán "en el futuro", estos serán como aviones sobrevolando un aeropuerto sin poder aterrizar. Sin embargo, podemos eliminar las demoras viviendo en el ahora, de modo que los milagros "aterricen" y podamos recibirlos. La eternidad es ahora; el futuro es el presente eterno que posponemos. Usted es libre, ahora; Dios lo sana, ahora; Cristo es su proveedor, ahora... Así que no posponga para el futuro lo que Cristo ya pagó para que usted lo reciba en su vida, ¡ahora!

Aunque Luis es apenas un niño, él sabe cómo llegar al corazón de Dios, y arrebatar su milagro en el ahora. Lea cómo recibió su sanidad:

"Tengo 12 años, pero desde chiquito tenía los huesos de mi espalda desviados; por eso mis pies se unían hacia el centro, y me causaban fuerte dolor. Cuando el Apóstol habló de sanidad, ¡el poder de Dios vino sobre mí, y mis pies empezaron a enderezarse! Ahora camino bien y no me duelen los pies ni la espalda. Estoy muy alegre porque llevaba mucho tiempo así, pero yo sabía que Dios me iba a sanar hoy".

—La mamá de Luis cuenta:

"Yo le dije a mi hijo: No importa la hora que acabe este encuentro, pero no nos vamos de aquí sin recibir tu milagro. Yo sabía que él no crecería con ese problema; que Dios lo sanaría, porque su sanidad ya estaba hecha. Lo único que teníamos que hacer es venir a recibirla. Cuando el Apóstol oró por los pies deformes yo le dije, 'Quítate el zapato hijo, y recibe tu milagro', y sus pies empezaron a enderezarse. No solo eso, él también tenía una masa, un lipoma en el lado derecho de su cabeza, y se le sentía. Mientras el Apóstol Maldonado oraba, yo le pasaba la mano y declaraba que todo lipoma de grasa se iba. Entonces el niño me dijo, 'mami, lo siento más chiquitito', ¡hasta que desapareció totalmente!"

Activación

Luis y su mamá sabían que, en el mundo espiritual, su milagro ya estaba hecho; solo tenían que permanecer en ese lugar y estar listos para recibirlo. Dios no los defraudó, y les concedió lo que pedían. No sé cuál es el milagro que necesita hoy, ¿está listo para recibirlo?

Ore conmigo

Señor Jesús, reconozco que la obra de la cruz está completa. Que todo ya fue provisto por Ti. Antes no lo había entendido, pero hoy declaro que Tú llevaste nuestras maldiciones, enfermedades y carencias, y nos diste bendición, sanidad y la sobreabundancia del cielo. Hoy pongo demanda sobre todo lo que estaba retenido, y declaro que aquello que nos pertenece a mí y a mi familia, se hace visible. Tengo fe para creer y obtener lo que me pertenece. ¡El eterno presente es ahora! Lo creo en el nombre de Jesús. Amén.

38

"Jesús llevó nuestra vergüenza para que podamos compartir Su gloria".

Cuando venimos a Cristo, llegamos llenos de dolores, falta de perdón y amargura, pero además cargamos nuestras vergüenzas. Nos avergonzamos de todo, de nuestro físico, nuestros padres, nuestra familia, del país donde nacimos, etcétera. Sin embargo, la Biblia nos enseña que todo lo que es el Padre fue manifestado por el Hijo en la tierra. Jesús, el Hijo de Dios, manifestó todas las virtudes, atributos, carácter, naturaleza, poder, autoridad y gracia del Padre. Además, como hijos, cargamos el resplandor de la gloria y la imagen misma de la sustancia del Padre. Por tanto, no debemos avergonzarnos de nada. Al contrario, cuando el enemigo nos ataca haciéndonos sentir vergüenza, debemos saber que ésa es una trampa para destruir el propósito de Dios. La vergüenza es un sentimiento de reproche, deshonroso y humillante. Jesús, antes de ir a la cruz, oró al Padre pidiendo que le regresara a la humanidad la gloria que había perdido. En la cruz, Cristo llevó nuestra vergüenza y a cambio nos dio Su Gloria. ¡Vuelva hoy a caminar con la frente en alto, y reciba la Gloria de Dios!

A Yashika George le pasaron tantas cosas malas desde pequeña, que se sentía rechazada. Se sentía indigna y avergonzada, hasta el día que Jesús entró a su vida y la transformó por completo. Conozca su testimonio:

"Recuerdo que, desde los 11 años, mi madre comenzó a tratarme de "prostituta" y "perra" cada vez que se enfurecía. Sentía tanto odio hacia mí, y yo no sabía a qué se debía eso. Me dolía tanto que lloraba hasta dormida. Así que busqué el amor fuera de casa, y empecé a masturbarme. A veces lo hacía más de una docena de veces diarias, pero la masturbación me hacía sentir más vacía. Con sólo 12 años comencé a tener relaciones sexuales, hasta que me volví una adicta al sexo.

Empecé a meterme con hombres casados, y llegué a un punto donde no podía parar, por lo que empecé a sentir vergüenza de mí misma.

"Un día, en la secundaria, una chica que apenas conocía, se acercó a mí y empezó a decirme cosas de mi vida que solo yo sabía, y luego oró por mí. Quedé tan impactada que quise oír más. Así que esa misma noche fui a una Casa de Paz. Mientras oraba por mí, el líder empezó a liberarme del espíritu de lujuria y masturbación. Tosí y vomité hasta que caí al suelo. Entonces, una tierna presencia vino sobre mí, y desde ese momento mi vida nunca más fue la misma.

"Hoy soy líder de una Casa de Paz de El Rey Jesús, y ayudo a gente como yo a ser libre, y a tener una relación con el Dios que me salvó y transformó completamente mi vida. Además, Dios restauró mi familia. ¡Ah, y perdoné a mi madre! Ahora ella y yo somos las mejores amigas, para la gloria de Dios".

ACTIVACIÓN

Como la joven del testimonio, usted también puede entregar a Jesús todo lo que le avergüenza, y comenzar una nueva vida. Confiese su pecado y vuelva a caminar con la frente en alto, como un hijo o hija de Dios. ¡Dios no juzga, Él perdona! ¿Quiere vivir en la gloria de Dios?

ORE CONMIGO

Amado Dios, te pido perdón y rindo mi vida delante de Ti. A partir de hoy, dejo al pie de la cruz mis pecados, cargas y vergüenzas. El enemigo no puede seguirme acusando. ¡Soy libre! ¡Cristo me hizo libre! La Escritura dice que eres poderoso para mantenerme libre hasta el día que vuelvas. Hazme habitar en Tu presencia, entender Tu corazón y experimentar Tu poder divino. ¡Te doy gracias Señor! Amén.

39

"Somos una extensión de Cristo y Él usa nuestro cuerpo para alcanzar al mundo".

Cuando Jesús vino a la tierra, necesitó un cuerpo físico con el fin de hacer la voluntad de Su Padre. Después de ascender al cielo, el cuerpo de Cristo —la Iglesia— sigue siendo el instrumento para continuar Su ministerio y seguir haciendo Su voluntad. Él no hace más de lo que Su cuerpo le pide o permite; no porque no pueda o no quiera, sino porque Él ha comisionado a Su cuerpo para ir a anunciar las buenas nuevas de salvación. ¿Qué requisito debemos cumplir para operar como cuerpo? La interdependencia. Esto quiere decir que cada miembro necesita del otro, aunque ninguno es indispensable. Todos los creyentes somos el cuerpo de Cristo, y donde quiera que vayamos debemos ir con Su poder y autoridad, reconciliando a la gente, sanando enfermos, resucitando muertos y liberando cautivos. No es que nosotros salvamos, sanamos o liberamos, sino que usted y yo somos portadores del poder de Dios. Somos la respuesta para un mundo sumido en tinieblas y desesperanza. ¡Atrévase a usar ese poder hoy!

Josué, Vanessa, Luis y un grupo de jóvenes evangelistas de El Rey Jesús, se introdujeron en el desfile del orgullo homosexual, en las playas de Miami, y Jesús usó sus cuerpos para rescatar cientos de almas de las garras del diablo. Conozca su testimonio:

"Un grupo de jóvenes evangelistas de El Rey Jesús Miami, logramos infiltrarnos en el mayor evento que reúne a los homosexuales del mundo, en South Beach. Para la gloria de Dios ganamos 224 almas para Cristo. En el corazón de la playa, por Ocean Drive, habían colocado un montón de tiendas de campaña. Los homosexuales bebían y festejaban a todo dar. Por la gracia de Dios conseguimos una tienda vacía, así que la tomamos y empezamos a regalar agua. Cuando un guardia de seguridad se nos acercó, le profetizamos, y terminó aceptando al Señor; él mismo nos permitió quedarnos en ese lugar. La gente pasaba caminando y a todos les dimos agua y les profetizamos. Al frente se instaló un grupo religioso que lanzaba insultos contra ellos. Sin embargo, nosotros nos acercamos, pero en lugar de hablar con los homosexuales, comenzamos a abrazarlos como una muestra del amor de Dios. No los acusamos, solo les mostramos el amor de Dios. De inmediato la gente comenzó a hacer un círculo alrededor de nosotros, mientras ellos comenzaban a aceptar al Señor. En medio de esa atmósfera, Dios se introdujo. Alguien trajo una guitarra, y uno de nosotros tomó la guitarra y comenzamos a adorar a Dios. La música sonaba como la de la casa, y se iba reproduciendo en cadena. La gente nos rodeó y comenzaron a grabar videos mientras adorábamos. Los jóvenes evangelistas solo les decíamos '¡Dios te ama!' Y ellos comenzaban a responder, abrazándonos y derramando su corazón ante el único Dios verdadero".

ACTIVACIÓN

Hoy usted también puede comenzar a verse como lo que es, una extensión del cuerpo de Cristo. Dios nos ha dado el mismo poder y la misma autoridad. En este día busque una persona que tenga alguna necesidad y ore por ella. Ministre el poder de Dios, y crea que Dios hará el milagro.

OREMOS JUNTOS

Señor Jesús, a partir de hoy yo quiero ser una extensión de Tu cuerpo. Te presto mis brazos, mis manos, mis pies, mi boca y todo mi ser para alcanzar al perdido. Úsame Señor; quiero ser un vaso por donde el poder sobrenatural Tuyo fluya a quien lo necesite. Donde vaya quiero ir con Tu poder y autoridad, reconciliando a la gente, sanando enfermos, resucitando muertos y liberando cautivos. ¡Gracias Señor! Amén.

40

"La muerte al "yo carnal" le dará acceso al poder y la presencia de Dios".

La sangre de Cristo nos da acceso a la presencia de Dios, pero lo que mantiene la entrada abierta es la muerte diaria a nuestro "yo carnal". Gálatas 2:20 dice, "Con Cristo estoy juntamente crucificado, y ya no vivo yo, más vive Cristo en mí; y lo que ahora vivo en la carne, lo vivo en la fe del Hijo de Dios". El poder de Dios trabaja por la ley del intercambio; de modo que Dios puede decirle: "Yo te doy y tú me das". "Dame algo que te atormenta y te produce ansiedad, y a cambio Te daré Mi paz y Mi poder". "Dame tu voluntad, y haré Mi voluntad en ti". Por eso, cada día debemos rendir nuestra vida a Dios para que Él a cambio nos dé Su poder. A lo mejor Dios le dice, "Quiero que le des una ofrenda a alguien". Si Dios le pide algo así, es porque que Él le quiere bendecir; sus finanzas resucitarán y serán multiplicadas. Querido lector, lo único que se interpone entre usted y el próximo nivel de poder al que Dios lo quiere llevar es su falta de muerte al "yo carnal".

Morir a los deseos de la carne para recibir el poder sobrenatural de Dios, no fue fácil para Lawrence Naidoo, un empresario de Johannesburgo, la ciudad más grande y poblada de Sudáfrica. Conozca su testimonio:

"Durante los últimos 10 años he estado en el mundo de los negocios. Cuando comencé mi propia empresa tenía principios cristianos, pero a medida que pasaron los años y llegaron las ganancias, me aparté de las cosas de Dios, hasta el punto de sentir amor al dinero. Competía por los contratos, sacando ventaja de mis conexiones, tratando de convertirme a toda costa en el mejor. Pronto, dar dinero para que el Reino de Dios avance, era la última cosa que quería hacer; en lugar de eso, invertía en cosas que me producían más ganancias inmediata. Después de cinco años, mi negocio cayó en un hoyo del cual no podía salir. Un día de julio de 2011, mi socio me llamó y me dijo que encendiera la televisión, donde estaba predicando el Apóstol Maldonado. Ese día tuve un encuentro con Dios, allí en mi despacho. Mis ojos se abrieron al engaño en que vivía y a mi amor por el dinero. Ese mismo día, me arrepentí de mi pecado; morí a mi ego, y desde entonces comencé a sembrar en ese ministerio, cosa que tenía tiempo que no hacía.

"Un domingo regresé a mi iglesia local, en Johannesburgo. Allí nuevamente le entregué mi corazón a Jesús, y empecé un negocio con verdaderos principios cristianos. Poco después, las verdaderas riquezas empezaron a llegar. Desde ese encuentro, mi negocio ha crecido tanto que hemos pasado de tener una nómina de 100 empleados a más de 400. ¡En solo un año, la empresa ha ganado 38 millones de dólares! ¡Y todo comenzó cuando morí a mi "yo" para que viera Dios en mí!"

ACTIVACIÓN

Como confirma el testimonio del empresario sudafricano, morir al yo, es la única forma de garantizar nuestro acceso a la presencia de Dios y a recibir Su poder. ¿Está usted dispuesto a caminar en el poder sobrenatural de Dios?

OREMOS JUNTOS

Padre celestial, hoy reconozco que he vivido conforme a mi voluntad y he andado por caminos de egoísmo. En este día, rompo toda exaltación a mi "yo", y hago un pacto contigo Señor, de morir diariamente al viejo hombre que hay en mí, para vivir en la plenitud de Tu gloria. Señor, dame percepción del ámbito espiritual, para poder entrar confiadamente a Tu presencia. ¡Gracias Padre! Amén.

41

"Satanás está destruido, desarmado, destronado y derrotado".

Cuando Dios creó a Adán, le entregó un reino llamado Edén, y le dio autoridad para sojuzgar la tierra. Pero Adán pecó, y toda la humanidad pasó a estar bajo el gobierno del diablo; es decir, la desobediencia de Adán nos hizo súbditos y esclavos del reino de las tinieblas. Sin embargo, Jesús, con Su muerte y resurrección, venció a Satanás y recuperó la autoridad que el hombre había perdido, *"Anulando el acta de los decretos que había contra nosotros..."* (Col. 2:14). Luego envió al Espíritu Santo a devolvernos el poder y autoridad que habíamos perdido. Ahora Satanás es esclavo de la Iglesia, y el único derecho que tiene es el que usted le da cuando desobedece. Satanás está destruido, desarmado, destronado y derrotado. Está destruido por que su reino de tinieblas ha terminado. Está desarmado porque no tiene más armas ni argumentos contra nosotros. Está destronado porque perdió el trono. Está derrotado porque Jesús lo venció en la cruz. Así que, no importa cuántas trampas el enemigo quiera colocarle, ¡levántese y recuérdele a Satanás que no tiene ningún poder contra usted! ¡Cristo nos ha dado la victoria!

Cada vez que he predicado este mensaje por el mundo, he visto la demostración de los cinco milagros del reino: los sordos oyen, los mudos hablan, los ciegos ven, los cojos andan, y los oprimidos por el diablo son liberados. Durante el Encuentro Sobrenatural en Oslo, Noruega, Aud, una mujer de 79 años compartió el siguiente testimonio:

"Vivo en Oslofjord, Noruega, y lo que comenzó como una enfermedad infantil, derivó en infección al páncreas, una enfermedad crónica en la vejiga e infección en todo el cuerpo. Esto me mantuvo enferma por 50 años, y tenía que tomar unos 7,000 antibióticos al año, por lo que mis intestinos se rompieron. Cuando oí que en Noruega se iba a realizar un servicio de milagros, le dije a mi esposo que tenía que llevarme, y ayudarme, porque me movilizaba en silla de ruedas, debido a que no podía mover las piernas. Cuando el Apóstol Maldonado empezó a declarar milagros, recibí la revelación de que Satanás no tenía control de mi cuerpo, que él estaba destruido, desarmado, destronado y derrotado, y supe que era la noche de mi sanidad. Por fe, mi esposo me llevó al altar para que oraran por mí. Cuando llegué, le di gracias a Jesús porque sabía que Él me estaba sanando. Cuando oraron por mí sentí una electricidad y un fuego que empezó desde mis tobillos, y de pronto empecé a mover las piernas sin dolor. Antes no podía agacharme sin sentir dolor y necesitaba ayuda. Entonces, me levanté de la silla de ruedas y empecé a empujarla hasta el altar. ¡Estaba tan feliz de que Dios me sanara, que hasta dejé olvidada la silla de ruedas en la arena, y los dos días siguientes asistí al evento sin silla de ruedas! Ese día, Jesús transformó mi vida, ya ahora soy libre".

ACTIVACIÓN

Quizá usted, como la mujer del testimonio, se ha sentido atada, enferma, aprisionada, deprimida, sin fe y sin esperanza. Hoy, Dios quiere cambiar su manera de pensar, enseñándole que el diablo está completamente derrotado. ¿Qué debe hacer? Creerle a Dios y empezar a dar pasos de fe.

ORE CONMIGO

Señor Jesús, hoy me apropio de la revelación que Tú me das. Tú venciste en la cruz a Satanás, y ésa es una derrota contundente, total e irreversible. Hago míos todos los beneficios de la cruz y declaro que a partir de hoy camino en libertad, sanidad y prosperidad, como verdadero hijo Tuyo. Te doy gracias Señor Jesús, porque cuando Tú moriste, yo morí a mi vieja vida de pecado y enfermedades; pero cuando resucitaste, yo también resucité a una nueva vida contigo. Amén.

42

"Cuando nuestro corazón está rendido a Dios, nada existe que Él no esté dispuesto a hacer por nosotros".

D ios está buscando un corazón tierno, rendido, y entregado a Él. Nuestro Padre celestial quiere restaurar en cada uno de nosotros la inocencia, anhela que seamos más sensibles a Su presencia, y desea incrementar nuestra habilidad para recibir lo que necesitamos de Él, y lo que quiere darnos. Dios está empeñado en que usted porte mayor unción; por eso quiere provocar que su corazón se rinda rápido ante Él. Así que, deje de resistirse al proceso de transformación y sométase a Su voluntad, sabiendo que eso lo acercará más a Él. Cuando nuestro corazón se rinde tiernamente ante Su presencia, nada hay que Dios deje de hacer a favor nuestro. Cuando tenemos un corazón puro y limpio para Él, para servirlo y amarlo, Dios hará el resto. Entonces, no se preocupe tanto por hacer cosas para ser visto por los hombres; preocúpese que su corazón sea recto y limpio. Pídale a Dios que lo purifique para que Él pueda obrar en su vida.

La vida de Joan Veliz demuestra que cuando usted se rinde y deja que Dios obre en su vida, Él se da por completo a su favor. Este es su testimonio:

"Crecí en Cuba con mi madre y mi abuela. Mi padre se había divorciado de mi madre, y vivía a dos casas, en el mismo bloque. Para mí fue difícil establecer relación con él, porque siempre estaba emocionalmente distante, pese a estar cerca físicamente. No recuerdo haber tenido una verdadera experiencia de padre a hijo. Lo único que le preocupaba es que fuese a convertirme en homosexual. Recuerdo una vez cuando al volver de la escuela, él pensó que la forma en que sostenía mis libros no era suficientemente "viril". Por eso me gritó y me hizo sentir inseguro y sin valor. Posteriormente, cuando llegamos a Estados Unidos, mi inseguridad creció y se convirtió en una profunda depresión, lo que finalmente me llevó a tener pensamientos de suicidio. Incluso maldije a Dios y lo culpé de todo lo que me sucedía.

"Un día, un amigo me habló de su increíble relación con Dios, y eso me sorprendió, porque yo había ido a la iglesia católica durante años, pero nada había cambiado en mi vida. Así que sentí curiosidad por ir con mi amigo. Desde que entramos, algo increíble sucedió. Era como si alguien me hubiese estado esperando. Cuando el Pastor hizo el llamado a los perdidos, levanté la mano y ni siquiera sabía para qué. Ese día le rendí mi corazón a Cristo, y ahora siento como que no hay nada que Él no haga por mí. Jesús restauró mi identidad, mi familia vino a los pies de Cristo, y mi Padre celestial me ha dado Su gracia y autoridad. Hoy sirvo a Dios en El Rey Jesús, en agradecimiento por todo lo que Él ha hecho por mí".

Activación

¿Quiere ver a Dios moverse a su favor? Ríndase a Él. ¿Quiere empezar ahora mismo?

Oremos juntos

Padre celestial, en este día me rindo a Ti. Rindo mi mente, mi voluntad, mis emociones; mi vida entera Te la rindo. Dejo de oponer resistencia al proceso y me someto a Tu voluntad, sabiendo que eso me acerca más a Ti. He aprendido que Tú no desprecias un corazón contrito y humillado, por eso quiero amarte y servirte cada día. ¡Tu poderosa diestra se mueve a mi favor! Amén.

43

"La voluntad debe rendirse, la mente renovarse y las emociones sanarse".

L a Biblia nos manda, como parte de nuestros deberes cristianos, a no conformarnos a la cultura del mundo, sino a ser transformados por la renovación de nuestro entendimiento (Ro. 12:2). Para eso, debemos rendir la carne, que se expresa a través de las emociones, las cuales deben ser sanadas. Asimismo, debemos renovar nuestra mente, ya que ha sido deformada por influencias mundanas. ¿Cómo la renovamos? Por la revelación que viene de la palabra de Dios. Esto quiere decir que necesitamos romper viejos patrones mentales, falsos paradigmas y hábitos de pensamiento negativos, y reemplazarlos con la mente de Cristo. Finalmente, debemos rendir nuestra voluntad, que es la capacidad de elegir, la cual determina la calidad de nuestro carácter. Muchos son guiados por una voluntad corrupta y manchada por el pecado; esto significa que, aunque tienen la intención de hacer la voluntad de Dios, no tienen el poder para hacer lo correcto. ¡Hoy, es tiempo de cambiar! Rinda su voluntad, renueve su mente y sane sus emociones, por el poder del Espíritu Santo, y comience a vivir un proceso continuo de transformación.

Yaromani Román es un claro testimonio de lo que Dios puede hacer cuando usted decide rendirle su voluntad, para que Él transforme su vida. Este es su testimonio:

"Desde pequeño fui muy tímido, muy retraído, con una falta de identidad enorme. Llegué a Miami sintiendo una gran atracción hacia los hombres y caí en homosexualismo. Frente a mi casa había una Casa de Paz de El Rey Jesús, y mi vecina siempre trataba de evangelizarme. Aunque yo no le hacía caso, ella siguió orando por mi salvación durante todo un año, declarando y decretando que yo sería salvo. Un día, cuando sentí que mi vida estaba totalmente destrozada, decidí hacerle caso a mi vecina. Acepté a Jesús como mi Señor y Salvador, y desde ese momento Dios comenzó a cambiarme.

"Cuando fui a la iglesia El Rey Jesús, me recibió la pastora Ana. Ella me liberó y decretó la gracia de Dios sobre mi vida. Me dijo que lo que yo tenía era falta de identidad. Y era verdad; yo nunca había tenido el amor de un padre, y eso había traído un gran vacío a mi vida y una gran necesidad de amor. Por eso, al oír esas palabras, supe que era Dios quien me estaba hablando. Comencé a llorar y llorar; no podía parar; estaba totalmente quebrantado de corazón, y toda la semana estuve llorando sin parar; era como si el Espíritu Santo me estuviera haciendo una limpieza interna. En el momento que decidí entregarle mi mente y mis emociones, Él me renovó. Cuando dejé de llorar, sentí como si un gran peso se me hubiera quitado de encima. Ya no tenía tristeza, más bien sentía una gran esperanza en mi corazón. Conocí verdaderamente a Jesús y con el corazón quebrantado comencé a clamar por mi liberación. ¡Dios me escuchó y me liberó!"

ACTIVACIÓN

Como el joven de este testimonio, hay muchos que sufren en silencio y esconden su pecado para no ser señalados por la sociedad. Déjeme decirle que ésa es una antigua táctica del diablo. A él le gusta mantener todo oculto, acusarlo sin que tenga oportunidad de defenderse, y atormentarlo para que sufra en silencio. Cuando usted decide rendir su voluntad a Dios, expone al enemigo y tiene que huir. ¿Está listo para rendirse hoy?

ORE CONMIGO

Padre celestial, vengo delante de Ti, confieso mi pecado, me arrepiento y Te pido perdón por cada ofensa. Reconozco que mi falta de identidad me llevó a caer en falta de perdón. En este día, amado Dios, Te rindo mi voluntad para que Tu voluntad sea hecha en mí. Espíritu Santo, renueva mi mente, sana mis emociones y transforma mi vida. ¡Quiero amarte y servirte por el resto de mis días! ¡Gracias Señor Jesús! Amén.

44

"El nivel más alto de adoración es cuando nos volvemos 'adoración'".

Quizá le suene raro que usted se convierta en "adoración". La verdadera adoración es aquella que transforma al adorador. Una cosa es cuando alguien le ofrece "algo" a Dios, y otra cuando usted se convierte en ese "algo". Por ejemplo, una cosa es cuando damos ofrenda y otra cosa es cuando nosotros mismos somos la ofrenda. De la misma manera, el nivel más alto de adoración a Dios, es cuando todo nuestro ser le adora. Cuando adoramos al Dios vivo, en espíritu y verdad, algo de Él viene sobre nosotros; entonces llegamos a un punto donde dejamos de adorar para convertirnos en "adoración". Es allí donde Él nos cambia radicalmente. Nadie puede permanecer en la presencia de Dios sin ser transformado, porque Su luz expone nuestra verdadera condición y Su fuego nos purifica. Eso nos lleva a convertirnos en la imagen de lo que adoramos. Nuestra mente, cuerpo y espíritu adoran a Dios con todo el corazón y con absoluta libertad, solo porque Él es Dios Todopoderoso, el Único digno de ser adorado, el merecedor de toda gloria y digno de toda honra.

James Orjuela, uno de los líderes de New Wine, el ministerio de alabanza de El Rey Jesús, ha experimentado cómo convertirse en adoración. Conozca su testimonio y prepárese a ser transformado:

"Soy uno de los cantantes principales de New Wine. Debido a que mis padres eran pastores, pasé en la iglesia toda mi vida. A medida que maduraba en las cosas de Dios, el adorador que llevo dentro de mí comenzó a crecer, hasta el punto de convertirme en adoración.

"He llegado a un punto donde no solo oro treinta minutos por la mañana, sino que, además, todo el día estoy consciente de la realidad espiritual que vivo. Trato de invitar a Dios a cada área de mi vida, para que Él no solo sea el número uno en mi vida, sino que sea el Único. No tengo un tiempo específico para orar, sino que todo el día estoy en constante comunión con Dios, ya sea que esté almorzando, haciendo cosas en la casa o manejando.

"Mi vida de oración envuelve todos mis pensamientos. Esto me prepara para esos momentos cuando estoy a solas con Dios. Cuando tengo el privilegio de estar en el altar y guiar a miles de personas a un encuentro con Dios, toda mi atención se centra en ser un vaso y llevarlos a un lugar de adoración. He aprendido que uno no puede llevar a nadie a un lugar que no conoce, ni se puede dar lo que no se tiene, y una relación personal con Dios es literalmente todo".

ACTIVACIÓN

Ser un adorador no significa ser solo un buen cantante. Es caminar en la presencia de Dios, es afinar el oído para oír de Dios, es bajar las melodías del cielo y proclamarlas a viva voz. ¿Piensa ser un adorador? ¿Por qué mejor no convertirse en "adoración"? ¿Quiere comenzar ahora mismo?

OREMOS JUNTOS

Padre celestial, me inclino delante de Ti para adorarte y bendecirte. Te adoro en Espíritu y verdad. Adoren los ángeles, adore la raza humana y toda la creación adore a Aquel que hizo el cielo y la tierra, el mar y las fuentes de las aguas. Mi corazón Te adora, mi alma Te adora, mi espíritu Te adora. ¡Más que adorar, anhelo convertirme en adoración! ¡Yo soy adoración para la gloria a Dios! Amén.

45

"La gloria de Dios es la esencia de todo lo que Él es".

L a gloria de Dios es la esencia de todos Sus atributos, Su poder, Su majestad, Sus riquezas, Su imperio, Su omnipotencia y Su omnipresencia. La gloria es el ámbito de la eternidad; quiere decir que ésta es infinita, sin medida ni restricciones; supera ampliamente la imaginación humana. Hoy Dios quiere revelarnos Su gloria, y manifestarla, para que nos convirtamos en portadores de ella donde quiera que vayamos. Dice la Escritura: *"Levántate, resplandece; porque ha venido tu luz, y la gloria de Jehová ha nacido sobre ti. Porque he aquí que tinieblas cubrirán la tierra, y oscuridad las naciones; más sobre ti amanecerá Jehová, y sobre ti será vista su gloria"* (Is. 60:1-2). En la gloria de Dios, o sea en Su presencia manifestada, todo "es"; quiere decir que no hay necesidad humana, no hay enfermedad, opresión ni esclavitud, tampoco hay pobreza, y nada falta. En el principio, la gloria de Dios fue el ambiente donde vivió la humanidad, hasta que Adán y Eva pecaron. Romanos 3 dice que, a causa del pecado, todos estamos destituidos de la gloria. Pero en la cruz, Cristo volvió a conectarnos con la gloria de Dios, que es la esencia de todo lo que Él es.

Lissette Murillo, una joven de El Rey Jesús, en Miami, pudo experimentar la gloria de Dios y en un instante su vida fue cambiada radicalmente. Su testimonio es el siguiente:

"Tenía 13 años y ya estaba sumida en la depresión y el estrés. Los problemas que vivía en mi casa no me permitían descansar. Fue entonces que decidí suicidarme; iba a usar una cuerda para ahorcarme. Aunque no creía en Dios, clamé y le dije: "Señor, perdóname por lo que voy a hacer; protege a mi familia, pero no aguanto más". En ese momento la misericordia de Dios me alcanzó y Su amor tocó mi corazón. Mi mente se llenó con la imagen de mi familia, y ese deseo fuerte de suicidarme se fue por completo. En medio de la burla y el acoso en la escuela, un día fui invitada a asistir a una Casa de Paz de jóvenes. Sentí que a través de la adoración cayó la presencia de Dios. Él me transformó completamente, y me hizo una adoradora.

"Después de eso, cambió mi manera de hablar, incluso la música que escucho; ahora ya no lucho con la ansiedad ni la depresión. Nunca más he tenido pensamientos de suicidio ni de rechazo. Todo lo que antes me estresaba, lo que era una carga para mí, jamás volvió a atormentarme. Dios me restauró por completo. Ahora me gozo porque solo Dios puede hacer algo así. Antes era una atea, cansada de la vida, al punto del suicidio; pero un encuentro con la gloria de Dios me transformó por completo y soy libre".

Activación

Lissette tuvo que tocar fondo para entender que Dios puede derramar Su gloria y en un instante cambiar la vida de toda una generación. Si decide rendirle su voluntad a Dios, Él actuará. ¿Quiere experimentar la gloria de Dios hoy?

Ore conmigo

Padre celestial, en este día vengo delante de Ti; te entrego mis luchas y mis problemas. Reconozco que nada he podido resolver en mis fuerzas, y por el contrario más me he hundido en la adversidad. Sé que eres Todopoderoso; el Único capaz de cambiar mi vida radicalmente. Hoy me paro ante la adversidad y las necesidades, y como hijo del Dios Altísimo declaro que, aunque para el resto haya carencia, enfermedad y tormento, en medio de Tu gloria vivo en salud, abundancia y completa paz. ¡Señor, muéstrame Tu gloria! ¡Vivo en Tu gloria! Amén.

46

"El orden y las prioridades están en la intención original del gobierno de Dios".

En el gobierno de Dios, el orden y las prioridades están presentes. Adán fue echado del Edén por no gobernar cuando se suponía que debía hacerlo. Cuando Adán aceptó el fruto que Eva le dio, él se dejó dirigir en lugar de ejercer la autoridad que Dios le había dado. El pecado no ocurrió cuando Eva comió la fruta prohibida, sino cuando Adán la comió, porque Dios lo había puesto como máxima autoridad. Aunque Adán y Eva debían ejercer dominio en la tierra, él como cabeza tenía la autoridad final. Desafortunadamente, él cedió ante la sugerencia del diablo, en lugar de decir "¡No!" ¿Por qué le explico esto? Porque en el Reino existen prioridades y todo se mueve conforme a un orden. Mateo 6:33 establece: *"Buscad primeramente el reino de Dios y su justica y todo será añadido"*. Cuando buscamos el gobierno de Dios y lo ponemos en primer lugar, las riquezas y otras bendiciones serán añadidas. 1 Corintios 11:3 afirma: *"Cristo es la cabeza de todo varón, y el varón es la cabeza de la mujer, y Dios la cabeza de Cristo"*. ¡Este es el orden establecido por Dios en Su intención original!

Andrés Cajar, de El Rey Jesús Miami, supo lo que es vivir en desorden; por eso valora el orden de Dios y Sus prioridades. Su testimonio es el siguiente:

"Cuando tenía cinco años mis padres se divorciaron y nos enviaron, a mi hermana y a mí, a vivir a Colombia, en casa de mi abuela materna. A los 14 años me volvieron a separar; esta vez me enviaron a vivir con mi hermana mayor a Panamá, por cuatro años. Ese tipo de vida me llevó a sentir rechazo, por lo que, desde los doce años empecé a tomar alcohol. Con 19 años llegué a Miami, donde conocí a una mujer y tuve una hija, pero dos años después me separé de ella y caí en depresión. Dejé mi casa y mi negocio y me fui a vivir a Nueva York, donde comencé a beber alcohol todos los días, por seis meses, hasta que no soporté más y regresé a Miami.

"Un fin de semana, mientras cuidaba a mi hija de dos años, pensé en suicidarme y matarla a ella. Luché cuatro largas horas con esos pensamientos, hasta que clamé a Dios, y le dije: 'Si existes, ten misericordia de mí, porque ya no puedo más con mi vida'. Me quedé dormido con mi hija al lado, y al día siguiente Dios me envió un ángel. Un amigo vino a verme y me habló de Jesús. Con esperanza en mi corazón recibí a Cristo, después fui a un retiro, y Dios me liberó de alcoholismo, depresión, rechazo y falta de perdón. Al poco tiempo me bauticé y tuve un encuentro con Dios, donde Él me dijo: 'No temas, Yo Soy tu Padre y estoy contigo'. Desde ese 29 de febrero de 2007 hasta hoy, no he vuelto a tomar alcohol ni he sufrido depresión. En 2008 me casé con Judy. Ahora, ambos servimos al Señor con amor. Somos diáconos en El Rey Jesús y tenemos una familia con principios cristianos. Soy el sacerdote de mi familia y Dios gobierna mi casa".

ACTIVACIÓN

Como en el caso de Andrés, usted también puede vivir conforme al orden y las prioridades de Dios. ¿Quiere que Dios gobierne su casa?

OREMOS JUNTOS

Padre celestial, que Tu Reino y Tu gobierno vengan a mí. Que Tu voluntad sea hecha en la tierra como es hecha en el cielo. Que Tu orden y Tus prioridades prevalezcan sobre las mías. Que el orden divino prevalezca en mi casa y que Tú seas siempre la primera prioridad en todo lo que hago. Amén.

47

"La disciplina causa admiración en otros, pero la pasión es contagiosa".

La disciplina es natural, pero la pasión es sobrenatural. Muchos jóvenes que están cerca de mí se contagian con la pasión que tengo por buscar a Dios, por las almas, por los milagros, por lo sobrenatural. Sin embargo, para formar discípulos tengo que usar la disciplina. No se trata de estarlos disciplinando siempre, ni cuidarlos que no hagan nada indebido, sino de enseñarles que, si hay un discipulado, tienen que estar a tiempo; si hay una enseñanza, deben estar preparados; si sirven en la iglesia, deben ser constantes y no abandonar; hay que enseñarles a disciplinar su cuerpo y sus pensamientos. La manera más alta de disciplinar y discipular es a través de la pasión. Ésta es como el fuego, que solo necesita una llama pequeña para encender un bosque completo con grandes llamaradas. Asimismo, la gente apasionada se contagia de la manera cómo usted hace las cosas. Yo le animo a que su pasión por Cristo se avive el día de hoy, y nunca se extinga en su corazón, para que pueda caminar con Él todos los días de su vida.

Josué Salcedo, uno de los Ancianos de nuestra iglesia en Miami, puede dar testimonio de lo que ocurre cuando la pasión y la disciplina caminan de la mano:

"Crecí en la iglesia, pero en una iglesia sin poder; por eso me rebelé y quise conocer el mundo. Así que durante siete años estuve involucrado en pandillas, discotecas, fiestas, bebiendo y teniendo relaciones ilícitas. Nunca había tenido un encuentro con Dios, hasta que llegué a El Rey Jesús. Sin embargo, mi vida recién cambió cuando me sometí a la disciplina. Entonces empecé a evangelizar en aviones, autobuses, durante los partidos de baloncesto, conciertos, eventos públicos y en cuanta oportunidad se me presentaba. Recuerdo que un día alguien me dijo que había una fiesta mundana y allá fui a predicar el evangelio. La gente estaba bebiendo, había música y comenzó una pelea entre dos muchachos. Así que, me paré sobre un carro y empecé a predicar, ¡en medio de la calle! La gente al ser confrontada, soltaba las botellas de licor, empezaron a entregarse a Dios, y fueron liberados. La siguiente semana, esas mismas personas comenzaron a asistir a mi Casa de Paz. Todo comenzó porque permití que la disciplina moldeara mi carácter, para caminar bajo autoridad. Ahora soy un Anciano ordenado de la iglesia y un evangelista a tiempo completo, y puedo guiar a otros a tener una pasión desbordante por Dios, y ser disciplinados al mismo tiempo, porque han visto cómo Dios me usa".

ACTIVACIÓN

No permita que la pasión sobrepase los límites de la disciplina, ni que la disciplina apague su pasión por hacer las cosas inusuales que Dios lo reta a hacer. ¿Cómo obtener balance? Poniendo todo en las manos de Dios.

OREMOS JUNTOS

Padre celestial, dame pasión, valor, coraje y denuedo, para hacer las cosas que Tú quieres que haga. Que la disciplina no me encasille ni me limite, sino que me dé perseverancia y firmeza para mantenerme haciendo Tu voluntad. Que el Espíritu Santo venga sobre mí e imparta osadía sobrenatural a mi vida, para ganar almas y conquistar nuevos territorios para Tu reino. Gracias te doy Padre, en el nombre de Tu Hijo Jesucristo. Amén.

48

"Nuestra fidelidad y mayordomía determina
el nivel de crecimiento de nuestra bendición".

En Génesis 1:28 Dios bendice a Adán y Eva. Bendecir significa empoderar para tener éxito. Esto quiere decir que dar fruto, multiplicarlo y expandir nuestro dominio, son las primeras señales de que Dios nos está bendiciendo. Asimismo, en Mateo 25:14-30 Jesús nos habla acerca de los talentos. ¿Qué nos enseñan ambos pasajes bíblicos? Que todo lo que Dios nos da: favor, gracia, misericordia, dones, talento y dinero, es para que lo incrementemos y seamos exitosos. Tenemos que aprender a ser buenos mayordomos de lo que Él nos da, sino, las bendiciones no aumentarán. Por ejemplo, como yo soy buen mayordomo de la unción, Dios la aumenta en mí. También soy buen mayordomo de las finanzas que Dios me da, por eso no las malgasto, y Él me sigue bendiciendo. Si hasta hoy usted ha sido mal mayordomo, pídale perdón a Dios; dígale a Jesús que lo ayude a ser buen mayordomo y Él aumentará sus finanzas, su salud y su favor. Haga lo mismo en cada área de su vida, y cuente sus bendiciones en incrementos de treinta, sesenta y ciento por uno.

Creerle a Dios, mayordomía, fidelidad y decisión, son algunas de las palabras que Edenia Aluart, de nuestra iglesia en Miami, conoce muy bien. Su testimonio ilustra perfectamente la enseñanza de hoy. Esto es lo que ella nos cuenta:

"Cuando llegó el tiempo de entregarle a Dios las primicias, yo tenía una cifra específica que quería dar, pero reconocí que era una cantidad muy grande para mí. Me puse a sacar cuentas y no tenía lo suficiente. Como madre soltera, no sabía qué pasaría con todos los pagos que tenía que hacer, si además tenía que dar las primicias. Esa duda continuó durante varios días, hasta que me vino la convicción de que no podía seguir sacando cuentas, sino que era hora de creerle a Dios. Cuando tomé la decisión, ¡sobrenaturalmente apareció el dinero!

Di mis primicias sin dudar. A los pocos días, mi jefe me llamó y me entregó un cheque por el doble de la cantidad que yo había dado como primicias, pero además recibí una promoción en el trabajo. No hacía mucho que me habían dado un ascenso, cosa que había aprovechado para comprar una casa, y estaba ganando el doble de lo que ganaba el año anterior, pero ¡después de testificar, recibí otro milagro! Mi jefe me llamó y me dijo que pagaría los exámenes para que sacara la licencia de arquitectura. Mi fidelidad a Dios con las primicias determinó mi crecimiento financiero. ¡Gloria a Dios!"

ACTIVACIÓN

Quizá ha sentido dudas en su corazón acerca de lo que Dios le está pidiendo que le entregue. Tal vez como Edenia, al poner las cosas en la balanza, las cifras no le cuadran; pero se olvidó que cuando Dios le pide algo es porque quiere bendecirlo con sobreabundancia. ¿Quiere saber hasta dónde puede llegar su bendición?

ORE CONMIGO

Amado Dios, Tu palabra nos enseña que debemos creer para ver, que hay que sembrar para cosechar, y que hay que bendecir para ser bendecido. Hoy te pido perdón por haber sido un mal mayordomo, y clamo por Tu fidelidad. Yo declaro que doy fruto, lo multiplico y expando mi territorio. Recta es Tu palabra Señor, y toda Tu obra es hecha con fidelidad. ¡Venga Tu bendición sobre mí! ¡Ahora!

49

*"El sentido común y la razón nunca
podrán producir un milagro".*

Mucha gente no sabe que es capaz de cambiar un diagnóstico médico, superar un problema financiero, ni se considera capaz de superar las dificultades de la vida diaria. La Iglesia, tristemente, tampoco ayuda mucho, porque ha puesto su confianza en las habilidades humanas, y si algo no luce "normal", no lo acepta. Lo sobrenatural ha sido relegado a un segundo plano, por falta de revelación del Dios sobrenatural, eterno y todopoderoso que es nuestro Padre. Es en medio de esa atmósfera que los verdaderos creyentes tenemos que anunciar las buenas nuevas, proclamar que Jesús está vivo y que es especialista en casos imposibles. La razón, el sentido común ni la ciencia pueden producir milagros. ¿Por qué? Porque un milagro es la intervención repentina de Dios en las circunstancias imposibles de la gente. Un milagro no ocurre porque pensamos positivamente. Solo el poder de Dios puede producirlo.

Dalila Villanueva, una venezolana residente en Miami, tuvo que hacer a un lado el sentido común para ver cómo milagrosamente Dios sanó sus ovarios, y le dio un bebé. Lea su testimonio:

"En 2007 un examen de rutina detectó que tenía cáncer en los ovarios. El doctor me dijo que debía removerme todo el aparato reproductivo. Entonces, me llené de fe y le dije, 'Doctor, perdóneme, pero no puedo aceptar ese diagnóstico'. Otro doctor me dijo, 'Tengo que sacarte todo, tienes cinco fibromas'. Un día estando en casa, mientras oraba, oí al Señor decirme: 'Es Christopher'. Le pregunté a mi esposo, ¿conoces a algún Christopher? Creo que tengo que orar por él. Al día siguiente el doctor me dio la noticia: '¡Estás embarazada!' Acto seguido, le pidió a la enfermera que preparara todo para hacerme un aborto. Indignada salté de la cama y le dije: '¡Sabe qué doctor, yo soy un aborto rescatado, y estoy viva por la palabra de mi madre que le creyó a Dios! ¡No voy a abortar! Me respondió, '¡Está loca señora, se va a morir!' Entonces me recomendaron un ginecólogo de alto riesgo, y ese médico me dijo lo mismo: 'No hay nada que hacer; el riesgo es muy alto'. Pero yo le pedí al doctor que me ayudara a continuar el embarazo, y aceptó. Mi bebé nació sano. Poco después fui a otro médico —el cuarto doctor— para hacerme más exámenes, y éste me dijo que no tenía nada, que era imposible que hubiera tenido cinco fibromas, que no había indicios de nada; que era imposible que hubiera tenido un hijo con los fibromas dentro. Eso fue hace ocho años. Aunque cuatro médicos los diagnosticaron, parece que los fibromas nunca hubieran existido. Dios los removió sobrenaturalmente de mi útero y me puso un hermoso bebé".

ACTIVACIÓN

¿Qué milagro está necesitando? ¡Declárelo hecho en el nombre de Jesús! Voy a unir mi fe a su fe, para decretar que el milagro que está necesitando viene a su vida, ¡ahora!

OREMOS JUNTOS

Padre celestial, en esta hora me pongo de acuerdo con mis hermanos; unimos nuestra fe a la de Tu Hijo Jesucristo, y oramos para que Tu poder sobrenatural venga sobre sus vidas, ¡ahora! Rompe la lógica, el sentido común, el conocimiento y las leyes del razonamiento humano, irrumpe en sus vidas y produce el milagro que están necesitando, en las áreas que lo están necesitando. ¡Padre, demuestra Tu poder, en el nombre de Jesús! Ahí está. ¡Recíbelo ahora! Amén.

50

"Humildad y rendición son señales de que hemos muerto al yo".

Cuando Dios quiere usar a una persona, lo primero que hace es llevarla a que rinda su voluntad y sea un vaso listo para ser usado. Esto significa, morir a lo que queremos y estar listos para que Dios haga Su voluntad en nosotros. Por tanto, debemos humillarnos y rendirle todo aquello que no nos permite ser instrumentos usados por la poderosa mano de Dios. Cuando morimos a nosotros mismos, desaparece la resistencia al cambio. Entonces podemos ser transformados por Dios; dejamos de pelear y nos entregamos a Él. Mientras sigamos peleando, la naturaleza de pecado todavía predomina en nosotros. Cuando nos rendimos por completo, dejamos de resistir la voluntad de Dios, y nos convertimos en Su "propiedad". Ya no nos interesa lo que la gente haga o diga, sino que confiamos firmemente en el poder de Dios. No tenemos miedo de dar saltos de fe o asumir riesgos, porque sabemos que nada tenemos que perder. Entre más morimos al yo, más poder de resurrección se manifestará en y a través de nosotros.

Leonel y Ana Ramírez, una pareja hondureña residente en Miami, sabe bien lo que significa morir al yo. Cada quien tuvo que rendir áreas de su vida. A tiempo comprendieron que, si se resistían al cambio, acabarían destruyendo su matrimonio. Leonel cuenta su testimonio:

"Nosotros vivíamos en Honduras, pero cuando Ana estaba embarazada de nuestro primer hijo decidimos que ella viajaría a Miami dos meses antes del nacimiento. Yo me iba a quedar en Honduras, pero luego viajaría. Sin embargo, recién viajé a Estados Unidos un mes después que el niño había nacido. Cuando regresamos a Honduras, Ana empezó a notar que yo llegaba muy tarde del trabajo, eso era todos los días, pero además la rechazaba. Por ese tiempo ella conoció a una señora cristiana y recibió a Cristo como su Señor, y le pidió a la señora que orara por su familia porque ella sentía que algo andaba mal. Al poco tiempo confirmó lo que estaba sospechando. Sin que me temblara la voz le dije quería divorciarme porque tenía otra relación desde hacía mucho tiempo. Ana no aceptó el divorcio, pero sí estuvo de acuerdo en que nos separáramos. Eso sí me advirtió que se vendría con el bebé a Miami. Yo no contaba con esa respuesta, y pensé que eso significaba perder a mi primogénito. Así que sin saber cómo empecé a pedirle a Dios que me guiara. Le dije, 'Señor te rindo mi vida, ya no quiero más esta relación ilícita, yo quiero a mi familia'. Al poco tiempo me mudé con mi esposa y mi hijo a Miami. Creo que el Señor vio mi obediencia, y me premió con una familia hermosa. Después de todo un proceso de liberación y afirmación, ahora Ana y yo somos Ancianos en El Rey Jesús y trabajamos a tiempo completo en la iglesia".

ACTIVACIÓN

¿Quiere morir al viejo hombre o a su yo carnal? ¡Humíllese y ríndase delante de Dios! Como en el caso del testimonio que acabamos de leer, usted también debe morir a su vieja manera de vivir, y en el proceso ser cambiado, sanado y liberado por Dios. ¿Está listo para empezar hoy?

OREMOS JUNTOS

Señor Jesús, así como un día Tú moriste por mí, yo también tomo la decisión de morir a mis deseos, pensamientos y acciones. Rindo todo mi ser al pie de la cruz, porque quiero ser totalmente transformado. ¡Me rindo Señor! Te entrego mi voluntad, para que hagas Tu voluntad. ¡Ya no vivo yo, más Cristo vive en mí! Amén.

51

"Nuestro nivel de ascensión a la presencia de Dios estará determinado por el sonido de nuestra adoración".

La Biblia habla, en Apocalipsis 4:1, acerca de "subir" a la presencia de Dios. Nosotros no ascendemos físicamente al cielo, pero sí lo hacemos en espíritu. Lo que determina el nivel en el que entramos a la presencia de Dios es el sonido de nuestra adoración. En ese sentido, los sonidos del cielo asumen un rol muy importante. La palabra de Dios en nuestra boca tiene tanto poder, como si Él mismo la estuviera hablando. Así es como se desatan los cánticos nuevos. En nuestro ministerio vemos a menudo que Dios nos da nuevas canciones, como señal del sonido de adoración que proviene del trono de Su gracia. Muchas veces entramos en niveles de adoración tan altos, que los espíritus demoniacos tienen que huir; otros producen sanidad, pero todos nos conectan con Él. Tenemos testimonios de personas que han sido sanadas de cáncer y otras enfermedades consideradas incurables, mientras adoraban al Señor. Hoy, Dios está desatando sonidos nuevos; está levantando adoradores proféticos, gente que adora en espíritu y verdad, con la habilidad de discernir e interpretar sonidos del cielo.

Esto le pasó a Vani Reddy, de Durban, Sudáfrica, quien, mientras miraba nuestro programa de TV, ascendió tanto en adoración que recibió su sanidad al instante. Él nos compartió lo siguiente:

"Hace unos meses estaba viendo el programa de TV *Lo Sobrenatural Ahora*, en Sudáfrica. Había estado ayunando y orando porque me diagnosticaron tumores y nódulos en la garganta, y los médicos estaban listos para operarme con el fin de retirarlos. La noche antes de que fuera a ver al cirujano estaban pasando el programa, y empecé a adorar a Dios junto al grupo de adoración de El Rey Jesús, creyendo que Él era la única fuente de mi sanidad. Me puse de pie y le pedí a Dios que me sanara los múltiples nódulos que tenía en la garganta, y le di gracias por lo que estaba a punto de hacer. De pronto sentí como esos nódulos comenzaron a desaparecer lentamente. Me sentí tan confundido que no podía creer lo que me estaba sucediendo en ese momento. A la mañana siguiente, cuando vi al cirujano, después de examinarme la garganta me dijo que en las radiografías no aparecía nada. Luego me envió a casa, y no me dio medicamento alguno ni tuvo que operarme. Ese día aprendí que el sonido de nuestra adoración provoca que Dios desate Su poder para hacer milagros. Toda mi vida no sería suficiente para agradecer lo que Dios ha hecho por mí. Ahora dedico mi vida a testificar lo que Jesús ha hecho por mí".

ACTIVACIÓN

En mi programa de televisión, *"Lo Sobrenatural Ahora"*, suelo animar a los espectadores a recibir su milagro, donde quiera que estén, mientras adoran a Dios. Como consecuencia, muchos contactan nuestro ministerio para testificar sobre su sanidad. Usted puede ser el próximo. ¿Quiere empezar ahora mismo?

OREMOS JUNTOS

Gracias Señor porque has prometido que quienes Te buscamos Te encontraremos, y quienes Te adoramos en Espíritu y verdad veremos Tu gloria manifestada. Gracias, porque mientras Te adoramos sanas nuestros cuerpos; mientras Te adoramos liberas nuestras almas; mientras Te adoramos curas nuestras dolencias. Que los músicos suenen sus instrumentos, que los adoradores entonen cánticos nuevos, y el pueblo adore a nuestro Dios. ¡Adoremos hasta que el Espíritu de Dios venga!

52

"La falta de perdón es un pecado silencioso".

Mucha gente está dolida u ofendida contra su hermano, y por largo tiempo mantiene en silencio su falta de perdón. La Biblia nos manda confesar nuestras ofensas, porque de esa manera Dios nos sanará y ocurrirán los milagros (Stg. 5:16). Conforme a la Escritura, yo le pido hoy que no esconda el dolor, la falta de perdón ni la culpabilidad en su corazón. Por el contrario, confiéselo delante de Dios. En este día, dé pasos de fe; vaya y pida perdón a quienes lo ofendieron, porque cuando usted no perdona, los cielos se vuelven como de bronce y sus oraciones no alcanzan a llegar a Dios. ¡Comience a perdonar ahora mismo! Si no perdona, tampoco Dios lo perdonará, porque escrito está que es imposible que Dios lo perdone si usted no perdona. ¿Por qué es importante que termine con la falta de perdón? Porque si no, vendrán enfermedades y otras cosas negativas a su vida. Le animo a que no permanezca en silencio. ¡La falta de perdón es un pecado! Confiese su pecado y perdone de corazón a quienes le ofendieron. ¡Hágalo en el nombre de Jesús!

Juan y Moriah Celis son Diáconos en El Rey Jesús. Sin embargo, antes, la falta de perdón casi acaba con su matrimonio. Cuando expusieron sus problemas y confesaron sus pecados, Dios sanó su corazón.

—Moriah comparte su testimonio:

"Mi matrimonio estaba hecho pedazos. Tenía ocho meses de embarazo cuando llegué a El Rey Jesús, y mi marido y yo nos habíamos separado hacía poco. Habían pasado casi dos años en los que ni siquiera nos hablábamos. Yo tenía falta de perdón, amargura y rabia. Sabía que no podía seguir así; por eso, cuando llegué a la iglesia, el Espíritu Santo respondió a mi clamor. Fui liberada de soledad y tristeza. Por primera vez en la vida me sentí libre. Incluso recibí un milagro en la pierna izquierda, que era un poco más corta que la derecha, y creció justo frente a mí. Yo sabía que la falta de perdón era un pecado, por eso, cuando fui libre me comuniqué con mi marido y lo invité a la iglesia".

—Por su parte, Juan testifica:

"Estaba involucrado en las pandillas y me gustaba disparar; verdaderamente estaba perdido. Después que mi esposa y yo nos separamos perdí toda esperanza. Por eso, cuando me invitó a ir a la iglesia, acepté. Apenas llegué a El Rey Jesús me puse a llorar como un niño; de la forma como a los hombres nos dicen que no debemos hacerlo. En ese tiempo mi corazón era de piedra, pero Dios lo cambió y me puso un corazón de carne. Le debo mi vida a Dios, porque nunca pensé que mi matrimonio sería restaurado. Nunca pensé que podía perdonar y ser perdonado, y peor aún, nunca pensé que alguna vez sentiría paz en mi corazón. ¡Dios lo hizo!

ACTIVACIÓN

La falta de perdón es un pecado que en silencio causa enfermedades y conduce a la muerte, pero el Espíritu Santo vino a darnos libertad. ¿Quiere empezar a vivir una nueva vida ahora?

ORE CONMIGO

Señor Jesús, hoy confieso mis pecados delante de Ti. Confieso que no he perdonado a quienes me defraudaron, a los que dañaron mi corazón cuando era niño(a), a quienes marcaron mi vida para siempre. Confieso que hasta hoy viví con falta de perdón contra aquellos que me abusaron y se burlaron de mí, contra quienes me hirieron de palabra. Hoy he decidido perdonar, y los perdono. Te pido perdón Señor por haber vivido con falta de perdón. Los dejo libres, y me libero yo también, en Tu nombre, Señor Jesús. Amén.

53

"Nadie podrá llegar más alto que su nivel de rendición".

Rendirse es algo mucho más profundo que comprometerse, porque lleva a la persona a tratar con su ego y su voluntad; la parte más difícil de su ser; aquella que está directamente relacionada con la rebelión contra Dios. Rendirse es deponer las demandas del "yo" y de la naturaleza pecaminosa, en favor de lo que Dios quiere para nosotros. Además, implica renunciar a nuestros derechos y deseos, y cederlos a quienes fuimos llamados a servir en el nombre de Jesús. La gente que le rinde a Dios veinte por ciento de las áreas de su vida, solo puede obtener un veinte por ciento de Dios. Quienes le rinden cincuenta por ciento, solo obtienen cincuenta por ciento de Dios. Y es que, en su vida espiritual, usted no podrá llegar más alto de lo que le permita su nivel de rendición a Dios. Por eso, todos los días debemos rendirnos ante Él. Hoy le animo a que le rinda a Dios sus deseos, su voluntad y toda área que usted sabe que no le agrada a Dios. ¡Ríndase y espere recibir más de Dios en este día!

Stanley Adieu, un joven haitiano-americano que proviene de una familia disfuncional tuvo que rendirse por completo a Dios, y Él lo rescató de la homosexualidad y de pensamientos suicidas. Ahora le sirve al Señor como líder de Casa de Paz, en Miami. Este es su testimonio:

"Mientras estaba en el vientre de mi madre, mi papá le dijo claramente a mi mamá que no quería más hijos varones. Como resultado, crecí pensando, actuando, y deseando ser esa niña que mi papá quería. Debido a eso siempre fui acosado; los muchachos me seguían a casa y me hacían la vida imposible. Llegué al punto que quise suicidarme, así que tomé un cuchillo y me lo puse en la garganta, pero estaba demasiado asustado para cortarme a mí mismo. Al llegar a la escuela secundaria descubrí la pornografía homosexual. Entonces empecé a tener relaciones sexuales con muchos hombres y me masturbaba. Sin embargo, nada me saciaba ni me hacía feliz, y terminaba llorando a solas.

"Cuando me enteré que la Biblia condena la homosexualidad (Lev.18:22), me enojé contra Dios, porque pensaba que Él me había hecho así. Hasta que un día fui invitado a un retiro de liberación en El Rey Jesús. Allí me di por vencido, y me rendí ante Dios. Una serie de emociones recorrieron mi cuerpo ese día. Necesitaba Su salvación, pero al mismo tiempo estaba enfadado. Sin embargo, pude oír la voz de Dios diciéndome: 'Hijo mío, te amo. No importa lo que tú piensas; no importa lo que diga la gente, Te amo, y Te perdono de todo pecado'. Sentí una paz que nunca antes había experimentado, casi como si estuviera siendo abrazado. ¡Desde ese día me rendí a Él por completo, y ahora disfruto la vida con el Dios que me liberó!"

ACTIVACIÓN

Como el joven de este testimonio, usted también necesita rendir su vida a Dios. Cualquiera sea su problema, rendirse ante Dios lo levantará y lo honrará delante de los hombres.

OREMOS JUNTOS

Padre celestial, Tú sabes todas las cosas, pero sobre todo conoces cada rincón de mi corazón. Hoy confieso que he pecado, y me humillo delante de Ti. Renuncio a mis derechos y deseos, Te cedo mi voluntad. Hoy Te rindo el cien por ciento de mi vida, porque quiero obtener el cien por ciento de Ti. Señor, toma mi vida y haz con ella lo que Tú quieras. De hoy en adelante deseo servirte con todas las fuerzas de mi corazón. Amén.

54

"Bajo la unción trabajamos, pero en la gloria de Dios descansamos".

En el mover de milagros, cuando opero bajo la unción, he sentido que poder sale de mí. Recuerda aquella mujer que llevaba doce años padeciendo de flujo de sangre, hasta el día que tocó el borde del manto de Jesús, y Él preguntó, *"¿Quién es el que me ha tocado?... porque yo he conocido que ha salido poder de mí"* (Lc. 8:45–46). En casos como ése, Dios me usa como portador de Su poder, y yo solo coopero con Él. Cuando ministro milagros bajo la unción, termino exhausto porque Dios usa mi humanidad; en cambio, cuando Él en Su soberanía elige trabajar solo, entramos en Su gloria. En ese ámbito no hay intervención humana; lo único que hacemos es adorar. Cuando la gloria de Dios está presente, me siento fresco al final del servicio; esto se debe a que Dios no operó a través de mí, sino que actuó de manera soberana. En la gloria, Él desata Su poder y autoridad conforme a Su perfecta voluntad. Por eso vemos gente que fue sanada y liberada, aunque nadie la tocó. ¡Dios mismo lo hizo desde Su gloria!

El año pasado, tuve un Encuentro Sobrenatural en México, y Dios me habló que los cielos estaban abiertos, y me mostró cuatro portales que son: finanzas, milagros, liberación y resurrección. Bajo esa atmósfera había 20,000 personas que adoraban a Dios con todo lo que tenían; entre ellas, 14 personas que llegaron en sillas de ruedas ahora caminaban rumbo al altar para dar testimonio de lo que Dios había hecho. De los 14, Sabino Abraham Tovar tiene un testimonio de sanidad impresionante. Lo invito a leerlo:

"Hace cuatro meses lo médicos me desahuciaron, ya que llevaba 40 años sufriendo de Artritis Séptica, Choque Séptico y Sepsis Bacteriana. Me hicieron seis cirugías, y después de cada operación los médicos les decían a mis padres que me estaba muriendo, que solo me quedaban unos minutos de vida. Mi papá iba a la capilla del hospital y oraba.

Mi mamá entraba y caminaba alrededor del quirófano; peleaba contra la muerte y me profetizaba vida. Yo salía vivo, pero seguía enfermo. Así fue durante cada operación, hasta que hace cuatro meses entré en terapia intensiva y los médicos les dijeron a mis padres que iban a dormirme, para que tuviera una muerte digna, sin dolor. Pero una vez más, mis padres y su iglesia entraron en guerra espiritual. Fue una lucha contra la muerte, y triunfaron. Salí vivo del hospital, pero no podía moverme, tenían que darme de comer, ayudarme a ir al baño, y ayudarme en todo. Vine desde Puebla al Encuentro Sobrenatural en el DF. Llegué en silla de ruedas, pero cuando oraron por mí, sentí un gran fuego y el poder de Dios. No sé cómo, pero me levanté de la silla de ruedas y recuerdo que dije: '¡Yo voy a empujar esta silla, la voy a empujar!' y empecé a caminar solo. Agarré la silla de ruedas y la empujé hasta el altar para dar testimonio. ¡Yo sé que mi Redentor vive! ¡Él me sanó! ¡Gloria a Dios!"

ACTIVACIÓN

¡Yo no tuve que tocar a Abraham! Es más, estaba muy lejos de él, pero Dios en Su soberanía obró el milagro. ¡Ésa es la gloria de Dios!

ORE CONMIGO

Soberano Señor, creador del cielo y de la tierra, del mar y de todo lo que hay en ellos. Ante Ti se rinden las naciones, desaparecen las enfermedades y huyen las potestades del infierno. Todo lo haces con Tu poder sobrenatural, desde el ámbito de Tu gloria. No necesitas siervo alguno para manifestar Tu presencia. Hoy me inclino ante Ti Padre, y te adoro, porque Tú eres fiel, Santo de Israel.

55

"Una generación que no abraza el cambio no impactará el mundo".

Debemos permanecer en un continuo cambio, porque el estancamiento conduce a la frustración. Si siente que ha llegado al tope y ve que, lo que antes funcionaba no funciona más, tiene que pedirle al Espíritu Santo que le dé Su gracia para cambiar. Algunas veces será doloroso, pero es tiempo de decidir: ¿Nos conformamos para agradar a los hombres, o somos transformados para agradar a Dios? Mucha gente se conformó a ser vino viejo porque dejó de renovarse; pensaron que ya habían llegado, que ya eran exitosos y no necesitaban más. Sin embargo, la vida cristiana requiere cambio continuo y la transformación constante de nuestro corazón, nuestra mente y todo nuestro ser. Yo le exhorto hoy para que se convierta en una persona que impacte el mundo; para eso, tiene que haber un cambio continuo en su corazón y en su manera de pensar. Ahora le pregunto: ¿Quiere permanecer conformado a una religión, o desea ser transformado para avanzar de gloria en gloria? Elija la transformación, y será capaz de manifestar el poder sobrenatural de Dios en su familia y donde quiera que vaya.

Justin Goodman es un joven sediento de Dios y Su poder sobrenatural. El día que se decidió a abrazar el llamado de Dios, el Señor comenzó a usarlo para impactar a su generación. Conozca su testimonio:

"Durante muchos años estuve yendo a una iglesia, pero me sentía insatisfecho y quería más de Dios. Tenía ganas de impactar el mundo, pero no sabía qué cambiar ni cómo cambiarlo. Un día estaba viendo TBN y vi al Apóstol Guillermo Maldonado por primera vez. Su programa me hizo abrir los ojos. Vi los testimonios que presentaba y lloré como un bebé bajo la presencia del Señor. ¡Por fin había encontrado lo que estaba buscando! Yo sabía que había más de lo que estaba recibiendo en mi iglesia. Algunos días después, encontré unos videos impactantes de evangelismo sobrenatural en YouTube, y quise aprender a hacer lo mismo. Así que busqué la iglesia que llevaba a cabo esos eventos, y para mi sorpresa, de nuevo me encontré al Apóstol Maldonado.

"A pesar de que estaba estudiando para obtener mi licenciatura en Trabajo Social, Dios puso en mi corazón el deseo de servir en el ministerio. Ahora que he abrazado el cambio que quería hacer en mi vida, soy temeroso de la manera cómo Dios me usa. Sólo para dar un ejemplo: uno de estos días visité mi antigua iglesia, y había una señora en el servicio que testificó que llevaba dos semanas con dolor en el pecho. Ella es una sobreviviente de cáncer y tenía miedo de que la enfermedad le volviera; así que oré por ella. Al día siguiente fue a hacerse unos exámenes y, para su sorpresa, el médico le confirmó que, ¡nada malo tenía en su pecho! ¡A Dios sea la gloria por permitirme caminar en Su poder!"

ACTIVACIÓN

Como Justin, usted también puede atreverse a abrazar el cambio. ¿Cómo empezar? Tomando una decisión; Dios hará el resto. ¿Se atreve a dar el primer paso?

ORE CONMIGO

Padre celestial, sé que me creaste con propósito y destino, pero desvié mi rumbo y me uní a la corriente del mundo. Sin embargo, en este día tomo la decisión de abrazar el cambio que Tú estás trayendo para impactar mi generación. Quiero que el mundo sepa que Tú eres mi Dios y que todo cambio procede de Ti. ¡Cámbiame Señor!

56

"La prédica del evangelio está limitada a la voluntad humana para obedecer lo que Dios nos mandó a hacer".

Luego de morir en la cruz y resucitar al tercer día, Jesucristo recibió todo poder y autoridad, y nos los delegó. ¿Con qué propósito? El mandato es ir a predicar el evangelio a toda criatura, demostrando Su poder sobrenatural. ¿Por qué Dios no mandó ángeles? Porque la raza humana es la única que alcanzó la redención. En Marcos 16:15-17, Jesús delega esa responsabilidad a los creyentes. ¡Si no tomamos nuestra responsabilidad, las almas se perderán! Por tanto, anunciar que el Reino de los cielos ha llegado, tiene una limitante: la voluntad humana para obedecer. En este día, lo animo a que comparta el evangelio con alguien que no lo conoce; por ejemplo, con sus compañeros de trabajo, vecinos, algún enfermo, o alguien que consiga en su camino. Ore para que ellos reciban a Jesús en su corazón, y si necesitan sanidad o liberación sean sanados o liberados. No se trata solo de hablarles o entregarles un tratado, sino de guiarlos a hacer la oración del pecador. Cuando sean salvos, ellos también se convertirán en instrumentos de Dios para ganar más almas para Cristo.

Por eso, donde quiera que voy alrededor del mundo, doy un comando para activar a la gente con el fuego por el evangelismo en las calles, para que lo hagan "mientras van". El año pasado, cuando tuvimos una conferencia de líderes en Mumbai, India, activé a los asistentes para predicar el evangelio. Entre las personas activadas estaba Lavina, quien testifica acerca del denuedo sobrenatural que desató en ella la activación.

"Aquí en la India tuvimos una sesión sobre evangelismo con el Apóstol Guillermo Maldonado, quien nos enseñó acerca de cómo podemos demostrar el reino de Dios con poder sobrenatural. Nos dijo que los milagros, señales y maravillas están supuestos a pasar; que es necesario que pasen. Así que un día, mientras iba en el tren, vi a una señora que estaba completamente ciega, y uno de sus ojos estaba descolorido. Al principio yo era tímida, pero sabía que el Señor había colocado a esa mujer en mi camino, y que era el momento de ser obediente. En ese momento recibí osadía, así que me acerqué a ella y le dije que Dios la amaba, que Jesús murió en la cruz por sus pecados y que por Su sangre ella recuperaría la vista. Cuando le dije eso, ella puso su fe en Jesús y estaba totalmente convencida que Jesucristo la sanaría. Le presenté el evangelio y la llevé a recibir a Cristo como su Salvador. Después, oré por ella y eché fuera el demonio de enfermedad. Para la gloria de Dios, en medio de ese tren, en la congestionada Mumbai, el poder sanador de Dios se manifestó. ¡Ella cerró los ojos, y cuando los abrió pudo ver! ¡Jesús la sanó, y lo único que yo tuve que hacer fue ser obediente!"

ACTIVACIÓN

Lo mismo que pasó en la India, ocurre cada día en diversas calles del mundo donde el evangelio del Reino se predica con poder. ¿Y usted, se atreve a obedecer a Dios, y ser usado para que Él obre milagros?

OREMOS JUNTOS

Amado Jesús, en esta hora me declaro siervo inútil tuyo. Hago a un lado mi voluntad y dejo que Tu voluntad divina sea la que prevalezca. De hoy en adelante, solo quiero obedecer lo que Tú me mandas a hacer para que las almas no se pierdan. Clamo por osadía sobrenatural para hablarle al perdido, para predicar el evangelio del Reino con demostración de Tu poder, para mostrarle al mundo que Tú eres el camino, la verdad y la vida. Te doy gracias Señor, amén.

57

"En el ámbito espiritual, el gobierno comienza con saber gobernar nuestro propio espíritu".

Mucha gente anhela tener autoridad; quieren ser gerentes, supervisores o tener un cargo en el gobierno y la política, pero no saben gobernarse a sí mismos. Para saber gobernar nuestra casa y nuestros hijos, primero debemos aprender a gobernar nuestro cuerpo y mente. Antes de gobernar la iglesia, debemos gobernar nuestro ser integral. Si hay cosas a las cuales usted está atado, y estas lo gobiernan, hoy Jesús le da la oportunidad de arrepentirse y pedir perdón por sus pecados. Él le promete que será justificado por medio de Su sacrificio en la cruz. Jamás podremos gobernar realmente en el mundo espiritual si antes no gobernamos nuestros deseos y pasiones carnales. Hoy, tome autoridad sobre la enfermedad, el sexo ilícito, el miedo, la depresión, el enojo, la amargura, la falta de perdón, el espíritu de suicidio, la pelea y el chisme. Renuncie y comience a gobernarse a sí mismo; renuncie a todas aquellas cosas que no provienen de Dios. Él le ha dado dominio propio, y autoridad para subyugar a Satanás. El único que puede gobernar nuestras vidas es Jesucristo, nuestro Señor y Salvador.

El testimonio que presento a continuación es el de Ana Sainz, una mujer de Miami, con quien Dios tuvo que lidiar mucho. El día que ella decidió dejar de gobernar las cosas del mundo, al estilo del mundo, Dios le dio gobierno espiritual.

"Me casé por primera vez a los 16 años, y tuve un matrimonio abusivo que terminó con la muerte de mi Padre y un intento para asesinarme. Viví años turbulentos y violentos donde hubo de todo, brujería, santería, espiritismo, adicciones, arrestos, prisiones, enfermedades y divorcios. Cuando creí haber encontrado el amor de mi vida, él cayó preso. Durante muchos años tuve problemas financieros y tuve que asumir la gran responsabilidad de criar dos hijas, sin padre y sola en un país extranjero. Al tiempo, todo cambió y mis finanzas empezaron a subir; me convertí en dueña de dos negocios de bienes raíces, hipotecas y servicios múltiples. Esto parecía una bendición, pero me sentía estresada; tenía dinero, pero me sentía sola y vacía. Como de costumbre, recurrí a la santería, la brujería y el espiritismo, pero nada me ayudó; al contrario, trajo más maldición a mi vida, hasta que me convertí y me entregué a Cristo. Arrepentida, dejé todo, lo rendí totalmente al Señor y decidí dedicarme a servirlo. Poco a poco fui dejando los negocios y ocupándome más de la evangelización en las prisiones. Cuando entendí que el gobierno comienza con saber gobernar nuestro propio espíritu, entregué todas las cosas que antes me gobernaban; ese fue el comienzo de mi verdadera transformación. Al morir a la brujería y al dinero, Dios activó en mí un ministerio evangelístico en las prisiones".

ACTIVACIÓN

¿Por qué lucha contra Dios? ¿Por qué se opone a hacer Su voluntad? Acaso no sabe que, si lo deja que actúe, Él le entregará territorios, gobierno y todas las añadiduras.

ORE CONMIGO

Señor Jesús, en este día Te pido perdón por mis pecados, por haberte sustituido con otros dioses llamados dinero, fama, fortuna, idolatría o brujería. Me arrepiento Señor de haberte ofendido. Rompo con toda atadura, vicio y adicción que hasta hoy gobernaba mi vida. Quiero ser justificado por medio de Tu sacrificio en la cruz, porque ahora tengo la revelación de que, jamás podré gobernar en el mundo espiritual si antes no gobierno mis deseos y pasiones carnales. Me rindo ante Ti Señor Jesús. Sálvame, límpiame, libérame y úsame para Tu propósito. Amén.

58

"La humildad es una decisión de la voluntad que se expresa con una acción".

Humillarse es voluntariamente pedir perdón y expresarlo con alguna acción que muestre nuestro deseo de cambio. Lo contrario a la humildad es el orgullo y la rebeldía. Cuando el espíritu de orgullo influencia la vida de una persona, su entendimiento es enceguecido y no percibe la necesidad de cambio (2 Co. 4:3–4). Dios jamás nos humilla, pero tampoco podemos pedirle que nos haga humildes. La Biblia nos manda *"Humillaos, pues, bajo la poderosa mano de Dios, para que él os exalte cuando fuere tiempo"* (1 P. 5:6). Esto quiere decir que debemos humillarnos voluntariamente. Tampoco se trata de decir "bueno sí, me voy a humillar". ¡No! Si se equivocó, debe humillarse y pedir perdón. También debe hacerlo si maltrató a alguien, si se vanaglorió de algo, o si sabe que sus palabras y acciones hirieron a otra persona. Delante de Dios, lo más importante es reconocer que lo ofendimos, y nuestra actitud de cambio debe llevarnos a mostrar total sumisión de Él. Rinda su corazón ante Dios, y de hoy en adelante dependa de Él, en todo y para todo.

Donald Franz, de Paraguay, hijo de pastores, tuvo que morir al yo y humillarse para lograr el propósito de Dios. El siguiente es su testimonio:

"Como cualquier hijo de pastores, desde niño iba a la iglesia, y cantaba adoraciones y alabanzas a Dios, pero realmente no sentía amor por Él. En realidad, lo único que me interesaba era jugar al tenis; jugaba muy bien. Pero un día sentí que Dios me habló. Me dijo que tenía cosas más grandes para mí que el juego de tenis. Cierto día, después de un torneo, me dolió mucho la cadera y tuve que dejar de jugar; me llevaron al hospital y me diagnosticaron epifisiolisis. Me explicaron que la cabeza del fémur se estaba desplazando hacia abajo y me iba desnivelando las piernas. Los doctores me dijeron que no volvería a caminar por mí mismo, y que tenía que usar muletas.

"En ese momento empecé a acercarme a Jesús verdaderamente. Ahí, acostado en mi cama, le dije que, si Él me sanaba, yo rendiría el tenis para servirlo con todo mi ser. Después de tres meses todavía no podía caminar. Así seguí hasta que una noche mi padre vino a mi cuarto y decidimos que íbamos a confiar en Dios; ya no iba a seguir usando las muletas. Me humillé ante Dios, rompí las muletas, y por fe empecé a caminar. Cierto día —dos semanas después—, me desperté y empecé a caminar normalmente; no sentía ningún dolor. ¡Dios había hecho el milagro! La pierna me había crecido y podía caminar como una persona normal. Ahora le he entregado mi vida a Dios, y lo sirvo con todo mi corazón, reconociendo que todo se lo debo a Él".

ACTIVACIÓN

No sé cuál es el área de su vida que Dios está pidiendo que le entregue. Pero cualquiera que sea, una cosa puedo asegurarle: Dios no lo va a obligar; Él quiere que usted se rinda voluntariamente. ¿Está listo para empezar?

OREMOS JUNTOS

Padre celestial, en este día confieso que Te he ofendido, y te pido perdón; reconozco que necesito ser cambiado por completo. Te rindo voluntariamente cada área de mi vida, me someto a Tu autoridad y a Tu señorío, Te rindo mi corazón, y de hoy en adelante declaro que dependo solo de Ti, en todo y para todo. Decido caminar contigo, amarte y servirte con todo mi corazón el resto de mi vida. Amén.

59

"El plan del diablo es que la iglesia sea reducida a lo natural".

Hay ministerios cristianos donde cualquiera puede hablar abiertamente sobre religión, filosofía, psicología y aun de política; sin embargo, si alguien habla de Cristo, y lo muestra con poder sobrenatural para sanar enfermos y echar fuera demonios, la gente se preocupa. No obstante, todo el impacto que la iglesia ha logrado a través de la historia, la transformación de la sociedad y los grandes avivamientos, todo se ha debido al poder sobrenatural de Dios. No ha sido producto del talento, el carisma, ni la habilidad humana. Por eso, en los planes del enemigo siempre estará reducir la actividad de la iglesia, para que solo se mueva según el razonamiento, que no transforma al hombre, y deje de caminar en lo sobrenatural de Dios. ¡Eso no es lo que Jesús demanda de Su iglesia! Cuando Él comisionó a Sus discípulos para que vayan a predicar el evangelio, lo primero que hizo fue empoderarlos en lo sobrenatural, y se gozó con ellos cuando expulsaron demonios. Iglesia, no permitamos que el enemigo nos robe el poder de Dios que nos fue dado por el Espíritu Santo (Hch. 1:8).

Hace poco un grupo de jóvenes evangelistas de nuestra iglesia local en Miami, salió a ganar almas, en uno de los territorios más difíciles de la ciudad. Este es el testimonio de Orlando, Josué y Peter, cuando penetraron la famosa Calle 8 de Miami:

"Guiados por el Espíritu Santo, fuimos a evangelizar en la Calle 8, y en dos horas ganamos más de 200 almas. Encontramos gente tomando, bailando, fumando, drogándose, pero en medio de eso, familias enteras le entregaron sus vidas a Jesús y fueron liberadas. Cuando los evangelistas oramos por ellos, el amor de Dios tocó sus corazones. En medio de la multitud, encontramos un grupo de muchachas lesbianas, y cuando les hablamos por medio de palabra de ciencia, las mujeres recibieron a Cristo. Esa fue una cita divina, porque Dios les habló tan directo, que todas terminaron llorando, arrepentidas y liberadas. Un caso específico que incluso llevamos al altar fue el de Tina. Ella había sido prostituta y bailarina exótica, hasta que el Señor la liberó totalmente, y ahora está en fuego para Dios. El Señor la está usando para rescatar a otras muchachas de la prostitución. Estando en la Calle 8, Tina se encontró con una muchacha con la que antes había trabajado. Cuando la mujer la reconoció se sorprendió, porque todos en el bar donde trabajaba pensaban que estaba muerta. Y es que, cuando Tina recibió a Cristo, abandonó su apartamento, amigos, drogas, y toda su vida antigua quedó atrás. Ese día, Tina le dijo a su amiga, 'mírame, Jesús me salvó y transformó mi vida'. Antes, Tina se sentía sucia y hasta pensaba en suicidarse, pero Jesús la rescató del infierno y ahora es libre, gracias a Dios".

Activación

Sin importar qué tan bajo haya caído, ¡Jesús puede salvarlo(a)! Él movilizará a Su iglesia militante, que camina en Su poder sobrenatural, a fin de rescatarlo. ¿Lo puede creer?

Ore conmigo

Amado Señor Jesús, en este día clamo que Tu poder sobrenatural venga sobre la vida de cada evangelista que predica en las calles, autobuses, centros comerciales, escuelas y universidades. Que Tu palabra sea respaldada por milagros y profecías. Y aunque el plan del enemigo es que Tu iglesia se vea reducida a lo natural, hoy comienzo a caminar en lo sobrenatural de Dios. Señor, moviliza a Tu pueblo para despoblar el infierno. ¡Te doy toda la gloria y toda la honra a Ti amado Jesús! Amén.

60

"El poder de Dios siempre está presente, aunque no siempre es recibido".

El poder de Dios para hacer milagros constantemente está presente, solo esperando que usted responda. No importa si oye la revelación más profunda, nada ocurrirá mientras no responda. En Marcos 6:5 vemos que Jesús no pudo hacer milagros en Nazaret por la pasividad de la gente, a causa de la familiaridad. Según la Escritura solo uno se sanó. Y usted se preguntará: ¿Cómo es posible que solo uno se sanara en medio del poder de Dios? Porque, además de fe necesitamos "recibir" el milagro. Cuando yo le pido a la gente que "haga lo que antes no podía hacer", es porque en medio de ese acto de fe, recibe el poder de Dios. Recibir, en hebreo, equivale a "arrebatar". No es pensar, "bueno ya oraron por mí, ojalá que Dios me sane". ¡No! ¡Tiene que arrebatar su sanidad! Si está en una silla de ruedas, ¡levántese en el nombre de Jesús! Si tiene un problema en sus brazos, ¡muévalos! Mientras lee este devocional yo declaro que su mente y su corazón son libres. ¡Desato el poder de Dios sobre su vida! Diga, "Señor, yo recibo sanidad, liberación, protección y provisión, en el nombre de Jesús".

El Pastor Gul Kripalani de la India, es un testimonio viviente de lo que significa hacer un acto de fe. Cuando él actuó, Dios le dio un nuevo corazón. Les cuento lo que sucedió:

"Mientras estaba predicando en una conferencia, en Mumbai, India, le dije a la audiencia: '*Antes que ministre el poder de Dios, cierre los ojos y adórele. El Espíritu Santo me está guiando a hacer algo que usualmente dejo para el final, pero Él me está diciendo que lo haga ahora: ¡Quiero orar por la gente!*'. La atmósfera estaba preparada para que el poder de Dios se manifieste, y la gente tenía hambre de recibirlo. Entonces empecé a declarar la sanidad de ciertas enfermedades, sobre las que Dios me había hablado, y los milagros empezaron a ocurrir. Quistes y tumores desaparecieron; las personas que estaban ciegas, que tenían glaucoma o astigmatismo recuperaron la vista y fueron sanadas. Pero uno de los milagros que más me impresionó fue el que recibió el Pastor Kripalani, quien llevaba 35 años lidiando con complicaciones al corazón. Desde los 80, cuando pasó por su primera cirugía de corazón, se había sometido a tres cirugías de bypass, dos angioplastias, siete "stents" o cánulas intraluminales —que son pequeños tubos que se colocan dentro de la arteria—, y más de 35,000 inyecciones. Habían orado por él muchas veces, pero nunca había recibido sanidad. Sin embargo, esa noche, cuando recibió el primer mensaje de fe, empezó a creer que Dios sobrenaturalmente lo tocaría, ¡y recibió su milagro! Al instante su rostro cambió. Al testificar en el altar, la gente quedó sorprendida cuando lo vio correr y saltar, cosas que antes no podía hacer".

ACTIVACIÓN

Como el Pastor de la India, usted también necesita activar su fe, haciendo las cosas que antes no podía. ¿Se atreve a dar sus primeros pasos?

OREMOS JUNTOS

Amado Dios, dice Tu palabra que en la cruz Tú llevaste nuestras enfermedades y por Tu sacrificio nos hiciste libres de toda maldición. Hoy doy un paso de fe, y comienzo a hacer las cosas que antes no podía, porque sé que nada ocurrirá mientras no responda. Aunque mi mente diga que no se puede, hoy hago un "bay pass" a la razón para creer lo que estoy orando. Gracias Señor porque, aunque aún no lo veo, lo creo, y sé que hecho está en el nombre de Jesús. Amén.

61

"La mayoría de fortalezas mentales tienen su raíz en los deseos egoístas".

D ios no se fija tanto en cada idea que cruza nuestra mente, como en la línea que siguen nuestros pensamientos. En un momento determinado, todos tenemos malos pensamientos, pero estos no tienen que influenciar nuestra vida. Sin embargo, los patrones de pensamiento se convierten en una manera constante de pensar; por eso tienen poder, porque de allí provienen las fortalezas mentales. Por ejemplo, el diablo usa el patrón de pensamiento egoísta como campo fértil para levantar una fortaleza de egoísmo en la mente, y desde ahí controlar nuestra vida. Por eso insisto en que debemos morir a nosotros mismos, a la carne y sus deseos, para vivir en libertad. ¿Cómo evitar que el egoísmo nos invada? *"Peleando la buena batalla de la fe"* (1 Tim. 6:12). Esto implica, no dejar que nuestra mente se convierta en territorio abandonado —vacío de los pensamientos, verdades y principios de Dios—, donde el enemigo pueda edificar una fortaleza para encubrirse. Hoy, comencemos a ser buenos administradores de nuestra mente y preservemos la integridad de nuestros pensamientos. ¡Derribemos todas las fortalezas que el enemigo ha levantado en nuestra mente!

Los deseos egoístas, la ambición, la mentira y la brujería, hicieron que Heriberto Ríos levantara una fortaleza mental. Solo pudo librarse de esto, cuando decidió pelear la buena batalla de la fe. Conozca su testimonio:

"En Cuba, durante 32 años me dediqué a hacer brujería y santería. Cuando llegué a los Estados Unidos seguí con mi negocio y levanté un gran altar a los santos. Además de ser santero, abrí una compañía con muchos empleados, vivía en una mansión con sirvientes y me daba la gran vida engañando a la gente. Terminé cayendo en mi propio engaño. De pronto todo se vino abajo. Al perder el dinero, también perdí las mujeres y los amigos; me quedé en la calle, viviendo en un carro, y lleno de deudas. ¡Mi vida se había acabado! Debía tanto dinero que pensé en suicidarme. Unas personas que me encontraron en la calle me invitaron a la iglesia El Rey Jesús. Estaba tan desesperado que sabía que solo Dios podría ayudarme.

"Un día, el Apóstol Maldonado hizo un llamado diciendo que había un hombre que estaba en la santería, que lo había perdido todo, y que vino a la iglesia porque Dios quería salvarlo. ¡Yo sabía que Dios me estaba llamando! Fue como si una venda se cayera de mis ojos y me mostrara la verdad de Dios. Ese día, Dios me liberó de la brujería, de la religión, de matar gallinas, de tenerle miedo a los 'santos' y al diablo; fui libre de las mentiras y del engaño, libre del alcohol, de la fornicación, de las drogas, de las deudas. ¡Ahora soy libre en el nombre de Jesús!"

ACTIVACIÓN

Heriberto tuvo que esperar 32 años para ser libre, pero usted puede ser libre ahora mismo, en el nombre de Jesús. ¿Quiere comenzar a vivir en libertad?

OREMOS JUNTOS

Señor Jesús, reconozco que mis pecados me separan de Ti, pero en este día Te pido perdón. Me arrepiento de haberte ofendido. Rindo mi voluntad y comienzo a derribar toda fortaleza mental y todo patrón de pensamientos que me alejan de Ti. ¡Perdóname Señor! Ahora mismo, por el poder de Tu nombre, de Tu sangre, y de Tu palabra, derribo toda fortaleza mental y permito que el Espíritu Santo renueve mi mente. Recibo la identidad de hijo de Dios y declaro que soy un portador de Tu gloria y Tu poder sobrenatural. Amén.

62

"La gloria de Dios, o su presencia, expone la condición espiritual de la gente".

E s curioso notar que el mundo cambia cada día, mientras la Iglesia prefiere seguir estancada o retroceder. Esto lo podemos observar a menudo en los servicios. Cuando la presencia de Dios invade el lugar, uno reconoce por su lenguaje corporal quiénes están siendo tocados, porque los ve postrados, llorando y clamando a Dios. Sin embargo, otros cruzan los brazos, mascan chicle, bostezan y hasta se duermen, porque no sienten la presencia de Dios o son indiferentes a ella. Y usted se pregunta, ¿por qué ocurre esto? Porque en la gloria, la condición espiritual de cada uno es expuesta. Es decir que, cada vez que hablamos de la presencia de Dios hay transformación, y ésta se manifiesta en cambios sustanciales en la vida de la gente. Muchos anhelan la gloria de Dios porque quieren ser transformados; otros en cambio la rechazan, porque se sienten bien como están. Hoy le pido que abra su corazón para que la presencia de Dios descienda, y usted sea tocado e impactado por el Dios vivo. ¡Desato la presencia de Dios sobre su vida! ¡Recíbala, en el nombre de Jesús!

Si la gloria de Dios expone la vida espiritual de la gente, caminar sin Su presencia trae depresión, soledad y estrés. Esto le pasó el Pastor Elías Luccas, de Brasil, quien nos cuenta su testimonio:

"Yo estaba en mala situación económica, familiar, ministerial y física. Mi iglesia estaba muerta, las prédicas eran aburridas, tenía pocos miembros y no sabía cómo levantar mi congregación. Tenía problemas económicos y me sentía enfermo. Era una situación estresante, y durante tres años y medio viví en depresión.

"Un día, desesperado, me puse a buscar en Internet ayuda contra la depresión. Entonces encontré un anuncio sobre una conferencia en Brasil en la que iba a estar el Apóstol Maldonado. En ese momento oí la voz de Dios diciéndome que Él quería que yo fuera a ese evento, y estuviera atento a lo que pasaría allí.

"Ni siquiera tenía dinero para ir, y solo faltaban cuarenta días, pero Dios me proveyó lo necesario y me sanó; dejé de sentirme enfermo y deprimido. Era como si Dios me hubiese inyectado una dosis de energía y esperanza. Fui a la conferencia, y por primera vez en mi vida, vi la gloria de Dios. Ocurrieron grandes milagros. Dios me mostró lo que Él puede hacer, y me dijo: 'Elías, así quiero usarte'. A partir de ahí Él me transformó, y mi ministerio cambió radicalmente. Dios me dio una iglesia más grande, ya no me siento estresado, ni preocupado y constantemente ocurren milagros en mi ministerio. ¡Todo el honor y la gloria sea para Jesucristo!"

ACTIVACIÓN

¿Cuál es su condición espiritual en este momento? ¿La gente ve en usted la gloria de Dios o la depresión, la soledad, el estrés y las cargas de la vida? ¿Quiere empezar a cambiar su vida hoy?

OREMOS JUNTOS

Padre celestial, en esta hora trae transformación completa a mi vida, para ver cambios sustanciales. ¡Anhelo ver Tu gloria manifestada! Hoy abro mi corazón para que Tu presencia descienda y yo sea tocado e impactado por el Único Dios verdadero. Cámbiame Señor, de adentro hacia afuera. ¡Recibo Tu presencia, en el nombre de Jesús! Amén.

63

"La verdadera adoración revela que el Rey está presente".

Adorar a Dios es una forma de reconocer Su existencia. Nuestra adoración apasionada nos llevará a tener intimidad con Él, y hará que Su presencia se revele en nuestras vidas. Todo verdadero adorador sabe responder cuando está ante Su presencia; por eso, debemos ser cuidadosos con la actitud que tomamos, y no permitir que nuestra mente divague en asuntos temporales, que nos llevan a permanecer indiferentes, aburridos o enojados. Así como hay momentos en los cuales la atmósfera espiritual está tan llena de gozo que la mejor respuesta es gritar, aplaudir o danzar, también hay tiempos de adoración que son tan santos, que el mínimo ruido puede resultar fuera de lugar. En esos instantes nuestra actitud debe ser esperar en silencio reverente. La verdadera adoración expresa que Dios es nuestro Padre, que Cristo es nuestro Señor y Salvador, y que Su Espíritu está presente en medio de nosotros. Si quiere que Dios llene su vida hoy, levante sus manos al cielo y adórelo por lo que Él es, exalte Su nombre y reconozca Su señorío. ¡Hoy, el Rey quiere que lo adoremos en espíritu y verdad!

Dineo Molefi, una televidente de mi programa, en Sudáfrica, sabe lo que es entrar en adoración hasta que Su presencia viene a nosotros. Lo invito a que conozca su testimonio:

"Soy una mujer de 30 años, vivo en Sudáfrica, y con regularidad veo el programa del Apóstol Maldonado, Lo Sobrenatural Ahora. Siempre me ha fascinado lo sobrenatural, y en febrero de 2015, tuve un encuentro con el Espíritu Santo. Un día después del trabajo me sentía tan deprimida, pero no entendía la causa, porque todo marchaba bien en mi vida. Sin embargo, algo muy dentro de mí me invitaba a orar y adorar a Dios. Así que, hice a un lado la depresión, y comencé a hacer lo único que sabía. Me postré ante la presencia de Dios, y comencé a adorarlo. De pronto, Él llenó mi habitación, aquí en Johannesburgo.

Su gloria era tan poderosa, tan intensa, que durante casi dos semanas sentí el impacto que causó en mi vida; al punto que podía percibirlo tanto en mi trabajo como en casa. Un día me derrumbé, y tuve que ser trasladada de urgencia al hospital. Después de algunos exámenes, los médicos me enviaron de regreso a casa porque no encontraron nada malo. En ese tiempo empecé a ayunar también, y cada día era un nuevo encuentro con Dios, con Su amor, Su compasión y Su paciencia. ¡Tener al Rey de reyes manifestado en mi habitación fue una experiencia tan hermosa y sublime, que sentí que me llenó con Su poder!"

ACTIVACIÓN

¿Quiere tener la seguridad de que Dios está con usted? ¡Adórelo! La verdadera adoración revela que el Rey está aquí. Éste es un buen momento para comenzar a adorarlo.

OREMOS JUNTOS

Padre, te adoro en espíritu y verdad. Reconozco Tu majestad, Tu imperio, Tu señorío. Reconozco que eres el Rey del universo, el creador de todo lo visible y lo invisible. Alabo Tu gran poder, amo Tu soberanía, exalto Tu fidelidad. ¡Tú eres mi Señor y mi Salvador! Toda la creación Te alaba. Hoy, Tus hijos nos unimos para adorarte, bendecirte y proclamar Tu grandeza. ¡Que Tu Espíritu venga! ¡Llena este lugar con Tu presencia! Gracias Padre. Recibe toda la gloria y la honra, porque solo a Ti te pertenecen. Amén.

64

"Solo Dios decide a quién va a bendecir".

Dios puede bendecir a quien uno menos espera. Tal vez para usted esa persona no es nadie, quizá no reúne las calificaciones, probablemente no tiene la mejor apariencia; sin embargo, para Dios es la persona correcta, porque Sus ojos ven lo que los ojos del hombre no alcanzan a ver. Dios es soberano y hace Su voluntad bendiciendo a quien Él escoge. Esto sucede porque la bendición de Dios se origina en Él. Muchos preguntan, ¿por qué esta persona es más bendecida que aquella? Otros dicen, mejor Dios hubiera bendecido a ésta en lugar de ésa. Pero no es nuestro trabajo decidir quién recibirá la bendición. Si usted me pregunta, ¿qué determina la bendición en una persona? Mi respuesta es: la obediencia. Cuando lo obedecemos, Él es incapaz de retener Su bendición. Deuteronomio 28:1-3 afirma que, si obedecemos, las bendiciones nos alcanzarán. Así que, en vez de quejarse, pregúntese por qué usted no recibe la bendición, mientras otros sí la reciben. Pregúntele a Dios: ¿Señor, en verdad estoy obedeciéndote? Dice la Biblia que Dios no hace acepción de personas. Entonces, si estamos actuando en obediencia, debemos ser bendecidos.

Cuando alguien es bendecido por Dios, es tan evidente como impactante. El testimonio de Flo y Julie Pérez, de Tampa, Florida, de una iglesia bajo cobertura de El Rey Jesús, nos muestra como la obediencia trae bendición. Leamos:

"En El Rey Jesús, mi esposa y yo aprendimos a confiarle a Dios nuestras finanzas. En CAP 2014, mi esposa y yo sembramos una semilla de $1,500 creyéndole a Dios por un nuevo hogar. Dios nos enseñó a buscar la casa de nuestros sueños confiando que Él haría el resto. Siempre hemos sido buenos administradores de nuestros diezmos y ofrendas, pero estábamos creyendo por más de Él. Seguimos ayunando y orando, y pasaron meses sin que encontráramos una casa. Finalmente, encontramos una casa que estaba valorada en 3.5 millones de dólares. Pero Dios me habló y me dijo que ofreciera $525mil y ni un dólar más. Algunas semanas después, los propietarios rechazaron la oferta, diciendo que no aceptarían ese precio. Les dije que estaba bien, que no iba a cambiar mi oferta. Poco después de regresar de CAP del año siguiente, recibimos un correo electrónico confirmando que los agentes habían aprobado la oferta de $525 mil. ¡Esa fue una transferencia de riqueza! Ya nos mudamos a nuestro nuevo hogar, ¡y sobrenaturalmente nos ahorramos 3 millones de dólares! Sabemos cien por ciento que esto se debe a nuestra obediencia y fidelidad, al haberle dado a Dios siempre el primer lugar en nuestras vidas".

ACTIVACIÓN

¿Quiere ser bendecido en algún área de su vida? ¿Está obedeciendo a Dios en lo que le está pidiendo? Si es así, esté atento. ¡Dios quiere bendecirle!

OREMOS JUNTOS

Amado Padre, vengo ante Tu presencia como hijo, sabiendo que en Ti tengo herencia. Tú le prometiste a Abraham hacer de él una nación grande, bendecirlo, engrandecer su nombre, y que sería de bendición donde quiera que fuera. Hoy me apropio de esa promesa, porque Tú no bendices a un hombre, sino que bendices generaciones. Así, cuando me bendices, también bendices a mis hijos y a los hijos de mis hijos. La generación de los rectos y obedientes será bendita. Amén.

65

"Cuando operamos desde la necesidad y no desde el propósito de Dios, jamás tendremos abundancia".

Cuando operamos desde una posición de necesidad, la abundancia no vendrá a nuestra vida. Esto sucede porque Dios siempre suplirá para Su propósito, no para caprichos humanos. Si a usted solo le alcanza para vivir, no podrá ser de bendición para los demás. No obstante, muchos se contentan en ese nivel; ellos representan al siervo que, en la parábola de los talentos, recibió un talento y corrió a enterrarlo (Mt. 25:14–30). Están satisfechos con lo suficiente, sin darse cuenta que ésa es una mentalidad de escasez. ¡No es mentalidad de Reino! Dios quiere que usted cumpla Su propósito y Su voluntad, porque con ellos viene la abundancia. Hoy, usted debe cambiar su mentalidad de carencia, y sustituirla por una de abundancia, y sobreabundancia. Por eso, es importante que busque el propósito de Dios, en lugar de enfrascarse en tener solo lo suficiente para sus necesidades. Algunos creen que eso los hace humildes ante los ojos de Dios, sin darse cuenta que Él detesta esa actitud, porque va contra Su propósito original. ¡Dios desea que seamos prosperados en todas las cosas! (3 Jn. 1:2)

Raúl Lorenzo dejó de ser un desamparado, sin propósito en la vida, para convertirse en un apasionado predicador de las buenas noticias de salvación. Desde entonces, Dios se encarga de suplir todas sus necesidades. Este es su testimonio:

"Durante años, mi vida consistió solo en fumar y beber con mis amigos. Mis padres estaban en algún lugar donde no los podía encontrar; mi papá y mi mamá no querían saber nada de mí, y eso era muy deprimente. Por ese tiempo viví en la calle, era un desamparado. Mis condiciones de vida eran básicamente sentarme en mi carro, del lado del pasajero, echar el asiento hacia atrás y dormir. Esto se convirtió en mi rutina diaria y no sabía cómo salir de ella. Tenía que pedirles a mis amigos que me permitieran bañarme en sus casas, pero al final terminaba fumando con ellos. Vivía deprimido todo el tiempo y pensando en suicidarme, hasta que un día terminé en un servicio de la iglesia con mi hermana.

"Yo no quería estar allí, así que cuando empezaron a adorar y cantarle a Dios, yo no entendía lo que estaba pasando. Sin embargo, sentía a mi alrededor una atmósfera que me sostenía y yo sólo quería abrazar aquello que me rodeaba. Entonces, sentí que algo se rompió, y comencé a danzar. Cuando hicieron el llamado al altar para aquellos que querían aceptar a Cristo, yo corrí a entregarle mi vida a Dios. Ahora finalmente estoy haciendo algo con mi vida. Pasé de ser un desamparado con sobrepeso, adicto a las drogas y una persona perdida, a ser un seguidor de Cristo y un predicador en las calles. Ahora tengo una casa y un trabajo, estoy enfocado en mi propósito, y Dios es mi proveedor".

ACTIVACIÓN

¿Quiere dejar de vivir en la suficiencia, para vivir en la abundancia? Deje de hacer las cosas por necesidad y cumpla el propósito de Dios. ¿Se atreve a empezar hoy?

OREMOS JUNTOS

Padre, en esta hora rompo con la mentalidad de escasez, porque ésa no es una mentalidad de Reino. Alineo mi propósito a Tu propósito, y mi voluntad a Tu voluntad; cambio la mentalidad de escasez, y la sustituyo por una mentalidad de abundancia, y sobreabundancia. Te doy gracias Padre porque al caminar en Tu propósito soy prosperado en todas las cosas, y el Reino avanza. Amén.

66

"La gente a menudo critica aquello que no puede producir".

Cada capítulo del libro de los Hechos está lleno de milagros; sin embargo, la Iglesia moderna ha abandonado ese estilo de vida sobrenatural. Muchas congregaciones creen que Dios obró milagros en el pasado, pero no creen que siga haciéndolos en el presente. Por el contrario, condenan a quienes nos movemos en lo sobrenatural. A diario recibo críticas por ser usado por Dios en milagros. En cierta ocasión oré por un hombre, y en tres días perdió 60 libras; pasó de la talla 50 de pantalón a la talla 37. Entonces muchos dijeron: ¡Eso no está en la Biblia! Bueno, hay muchas cosas que Dios hace que no están en la Biblia. Con frecuencia la gente critica aquello que no es capaz de producir. Critican los milagros porque no los pueden producir, critican las sanidades porque no las pueden producir. Sin embargo, qué hermoso es que Dios nos dé oportunidad, a todos, de ser usados en milagros, ¡aunque no los entendamos! ¿Qué necesitamos? Simplemente estar disponibles. ¿Cuál es el reto para hoy? ¡Abandonar toda crítica y prestarle a Dios nuestro cuerpo para que, hoy como ayer, Él siga obrando milagros!

Un periodista mexicano profundamente involucrado en la brujería, tuvo que rendirse ante Dios. Cuando conoció de primera mano Su poder sobrenatural, dejó de criticar lo que Dios es capaz de hacer. Este es su testimonio:

"Mi nombre es Víctor David Rodríguez, y soy periodista. Hace un tiempo vi al Apóstol Maldonado predicando en Enlace y pensé que estaba loco. Así que cuando me enteré que vendría a México pedí que me enviaran a cubrir el evento. En realidad, pedí "Acceso Total" porque quería demostrar que el Encuentro Sobrenatural México era un show, que el Apóstol Maldonado era un mentiroso y los testimonios eran falsos.

"Sin embargo, mientras oía la prédica del Apóstol, fui sanado de Parkinson y de una enfermedad en la sangre. Llevaba años con mareos y no podía caminar porque me caía; no podía dormir, ir al baño ni hacer nada, porque temblaba constantemente, y no tenía paz. Los médicos me dijeron que no tenía cura, y que estaría bajo tratamiento de por vida. Desesperado y sin Dios, caí en la brujería, hechicería, santería y vudú. Traté de todo, gasté mucho dinero, viajé a Miami, Cuba, Haití y a cuanto lugar me decían buscando mi sanidad. De hecho, estaba a punto de convertirme en Babalao (brujo). Pero esa noche, el poder de Dios vino sobre mí. Sentí que un ángel me levantaba mientras Dios me sanaba de toda enfermedad y me liberaba de toda atadura a la brujería. Comprendí que, a pesar de tener varios títulos universitarios, en realidad era un ignorante. Ese día, Dios me quitó la venda de los ojos y me reveló que Jesús es vida, la única verdad y el único camino. ¡Gloria a Dios!"

ACTIVACIÓN

¿Ha puesto en duda lo que Dios puede hacer? Si así lo ha hecho, es tiempo de abandonar la crítica y comenzar a creer en el único Dios verdadero.

OREMOS JUNTOS

Señor Jesús, en este día me libero de toda duda acerca del poder sobrenatural de Dios. Abandono toda murmuración y decido prestarte mi cuerpo para que sigas obrando milagros entre Tu pueblo. Úsame Señor para ser de bendición donde quiera que vaya. Te doy gracias, porque Tú transformas al crítico en un hacedor de Tu Palabra. ¡Gracias mi Señor Jesús!

67

"El conocimiento no será verdaderamente suyo hasta que tenga una experiencia con lo que sabe".

Un dicho popular afirma que el "conocimiento es poder". Bueno, al menos la mitad es verdad, porque Oseas 4:6 dice que el pueblo de Dios fue destruido porque le faltó conocimiento. Sin embargo, en el lenguaje del Reino, el verdadero conocimiento es el que se adquiere en la práctica. Por ejemplo, usted puede saber mucho acerca de dietas, pero si no las practica, seguirá gordo. Es decir que el conocimiento no es nuestro hasta que lo ponemos en práctica o lo experimentamos. En los tiempos modernos hay tanto conocimiento a nuestro alcance, porque el mundo se ha globalizado. Los medios y la informática nos dan acceso a todo el saber humano, pero si no lo practicamos, ese conocimiento no nos pertenece. Asimismo, los mensajes poderosos del evangelio, los que transforman a la gente, son los predicados por quienes han tenido una experiencia con lo que enseñan. Intentar predicar sin tener una experiencia con el poder de Dios, hace que el mensaje carezca de autoridad. ¿Qué hago yo? Cada revelación que recibo, soy el primero en practicarla y obedecerla. Así, cuando la predico, Dios manifiesta Su poder y me revela más.

El Pastor George Ofuso, de Ghana, África, tuvo que poner en práctica lo que Dios le habló, y así pudo encontrar sanidad para una mujer de su iglesia. El siguiente es su relato:

"Mi esposa y yo nos conectamos por primera vez a El Rey Jesús en el 2013, cuando asistimos a CAP. Tiempo después, el Apóstol Maldonado nos profetizó que Dios nos estaba llamando al ministerio, y cuando regresamos a casa, en Ghana, de inmediato comenzamos a predicar el Evangelio del Reino en nuestra sala. Ahora nuestra iglesia tiene cientos de miembros, y son muchas las experiencias sobrenaturales que hemos tenido.

"Una de las más impactantes ocurrió en diciembre del año pasado, cuando llegó a la iglesia una mujer de 32 años, a quien le habían diagnosticado VIH. Sufría todos los efectos secundarios de las primeras etapas de esa enfermedad. Iba al baño hasta 10 veces al día, y estaba perdiendo peso rápidamente, se sentía fatigada, y tenía erupciones por todo el cuerpo. La veía llorar desesperadamente, pero no sabía cómo actuar; entonces le pregunté a Dios qué debía hacer, y Él me dijo que inmediatamente comenzara tres días de ayuno. Lo hicimos junto con mi esposa, y mientras orábamos por la mujer, al final del primer día de ayuno, la diarrea cesó. El segundo día, las erupciones fueron desapareciendo. El tercer día de ayuno, por fe la llevamos al hospital a hacerse nuevas pruebas, y cuando fue chequeada por el médico, ¡todas las pruebas resultaron negativas! ¡Gloria a Dios!"

ACTIVACIÓN

No importa cuánto conocimiento tenga de Dios; lo importante es experimentar Su poder. Como este pastor de África, ¿se atreve usted a creerle a Dios, aunque parezca una locura lo que tiene que hacer?

ORE CONMIGO

Padre celestial, me postro ante Ti, y oro al Dios de milagros, al Dios que sana, que transforma, que redime, que libera y que provee. Rompo todo espíritu religioso, arranco las vendas de mis ojos y empiezo a caminar por fe. Señor, Te pido que obres un milagro en esta situación desesperante que estoy viviendo. Dame una respuesta Señor y Te obedeceré, y contaré las maravillas que has hecho conmigo. ¡La gloria es Tuya y no la compartes con nadie! Gracias Padre. Amén.

68

"La responsabilidad es el primer paso para ejercer autoridad".

Dios es la fuente original de toda autoridad, y Él no se la delega a alguien irresponsable. Como la responsabilidad de dirigir proviene de Dios, en el camino del liderazgo Él prueba nuestra fidelidad, y añade a unos y quita a otros. En la parábola de las diez minas, Jesús dice, *"por cuanto en lo poco has sido fiel, tendrás autoridad sobre diez ciudades"* (Lc. 19:17). Esto quiere decir que, a mayor fidelidad, corresponde mayor autoridad. Dios nos delega autoridad para ejercer Su poder sobrenatural de manera legal, para destruir las obras del diablo. Cuando alguien rehúsa someterse a la autoridad, alguna maldición está operando en su vida. Ésta se rompe cuando esa persona se arrepiente de resistir la autoridad, y acepta su responsabilidad. Si hoy el Espíritu Santo está exponiendo áreas de rebeldía en su vida, y le trae convicción, no deje pasar la oportunidad, ¡arrepiéntase y renuncie a la rebelión! Tal vez eso le esté causando enfermedad, pobreza, miedo, escasez o problemas familiares. Al arrepentirse activará el poder de Dios que vence toda circunstancia adversa, y será libre, ¡en el nombre de Jesús!

Joanna Miranda, de Miami, FL., tuvo que tomar responsabilidad para ejercer autoridad, y destruir las obras del diablo que habían venido sobre su vida. Conozca su testimonio:

"Al crecer en un hogar de lesbianas siempre pensé que tenía dos mamás; el lesbianismo era algo natural para mí. Todas las personas que visitaban mi casa eran homosexuales, así que crecí en ese ambiente, y lo veía normal. Nací con debilidad en los huesos, dislocación en la cadera y los hombros, me operaron de los dedos y me removieron los tendones. Los doctores me decían que tenía que vivir bajo esas condiciones el resto de mi vida, así que siempre tuve miedo de romperme un hueso o tener una fractura.

"Desde que conocí a Dios empecé un proceso de transformación y liberación. Luego de ir a CGC, la conferencia de jóvenes de El Rey Jesús, empecé a tomar responsabilidad de mi vida. En determinado momento, el pastor habló acerca del lesbianismo, y dijo que las mujeres lesbianas serían libres de ese espíritu. Yo sentí que algo entró a mi cuerpo, me desvanecí y al levantarme empecé a ver el lesbianismo como algo desgastante. ¡Dejé de sentirme atraída hacia las mujeres! El amor de Dios me sanó en la conferencia de jóvenes. Sentí el poder de Dios sobre mí y Su fuego recorrió mis brazos, haciendo que sintiera mis huesos y ligamentos conectados otra vez. Ahora tengo autoridad sobre mi mente, soy completamente libre y me gustan los hombres. Por los últimos 25 años no había podido mover mis brazos, ni levantarlos. Ahora lo puedo hacer sin dolor, porque Dios me sanó sobrenaturalmente".

ACTIVACIÓN

Como vimos en el testimonio anterior, la responsabilidad es el primer paso para ejercer autoridad. ¿Está listo para tomar autoridad sobre los problemas y circunstancias que atacan su vida?

ORE CONMIGO

Amado Señor Jesús, en este día, me arrepiento y renuncio al espíritu de rebelión. Activo el poder de Dios que vence toda circunstancia adversa, y en Tu nombre me declaro libre. Hoy, tomo autoridad sobre toda circunstancia que hasta ahora me había causado enfermedad, pobreza, esclavitud, miedo, escasez y problemas familiares. Reconozco que, a mayor fidelidad, corresponde mayor autoridad. Te doy gracias amado Jesús. Amén

69

"El fuego de Dios solo cae donde hay sacrificio, y eso prueba que lo ofrecido a Dios es real".

P ara muchos creyentes, "sacrificio" se ha convertido en una mala palabra. Hacen todo lo necesario a fin de no dejar su comodidad y conveniencia. Sin embargo, el fuego de Dios no cae sobre quienes tienen solo fe, sino sobre quienes ofrecen sacrificios al Señor. No existe tal cosa como sacrificio sin inconvenientes, sin renuncia y sin privación. 1 Pedro 2:5 dice que estamos llamados a "ofrecer sacrificios espirituales aceptables a Dios por medio de Jesucristo". Entonces, si queremos ese fuego y pasión de Dios, continuamente tenemos que ofrecerle a Dios sacrificios, no de animales ni de cosas, sino sacrificios espirituales que son los que ofrecemos en el Nuevo Testamento. Nunca he leído un verso en la Biblia que diga que el fuego cayó sobre un altar vacío, carente de sacrificio. Por eso, siempre debemos buscar nuevos niveles de sacrificio de alabanza, ofrenda, oración, ayuno e intercesión. Esos son los sacrificios espirituales que estamos llamado a ofrecer los sacerdotes de la nueva generación. Dios está listo para derramar Su fuego, ¿qué sacrificio pondrá hoy usted sobre el altar?

Muchas veces vienen a mí hombres de Dios que me comparten cómo Dios los usa, luego de haber ofrecido sacrificio ante el altar. Conozca el testimonio del Pastor Martin, de Dinamarca:

"Hace seis meses, el Señor me habló y me dijo que me utilizaría en el ministerio de lo sobrenatural, así que empecé a orar y ayunar a fin de prepararme. Antes me gustaba ver por internet cómo otros eran usados por Dios, y seguía los milagros sobrenaturales que ocurren en El Rey Jesús. Mientras lo hacía, empecé a ver los cambios en mi vida y en mi iglesia. ¡Ahora me muevo en lo sobrenatural! Predico y vivo con más audacia y comparto lo que Dios está haciendo. También veo que la gente que pastoreo está creciendo, y los milagros que antes veía en internet, ahora son los milagros que ocurren cuando oro. El hambre y el sacrificio han dado sus frutos".

Asimismo, el Pastor Paul, de Reino Unido, me compartió:

"Siempre he tenido pasión por la presencia de Dios. Yo sabía que había un precio que pagar y un proceso de preparación, así que empecé a orar y ayunar más para que Dios me usara. Un día, mientras veía Lo Sobrenatural Ahora, el Señor respondió mis oraciones y Su presencia se apoderó de mí con tanta fuerza que nunca he sido el mismo desde entonces. ¡Ahora predico por el mundo y veo milagros en todas partes! Estoy muy agradecido por lo que Dios está haciendo en mí, ya que me está usando con poder.

ACTIVACIÓN

Usted no necesita ser un pastor para que Dios lo use para manifestar Su poder sobrenatural. Las señales, según está escrito, seguirán a todo el que cree en Dios (Mr 16:17-18). Sin embargo, si es Pastor, Dios lo usará con mayor poder. ¿Quiere que venga a usted fuego y pasión de Dios?

OREMOS JUNTOS

Señor Jesús, creo que moriste en la cruz, una vez y para siempre, y Te ofreciste como Cordero para el sacrificio. Creo que resucitaste al tercer día, subiste al cielo y estás sentado a la derecha del Padre. Por el Poder desatado en la cruz, me rindo a Ti, y te ofrezco sacrificios de alabanza, frutos de labios que confiesan Tu nombre. Te entrego mi cuerpo en sacrificio vivo y santo, esa clase de sacrificio que Te agrada, porque ésa es la verdadera forma de adorarte. ¡Que venga Tu fuego sobre mí y traiga más pasión por Ti! Gracias Señor Jesús. Amén.

70

"La condición de su corazón será la condición de su vida".

La vida de Dios comienza en el corazón, pero también el pecado empieza allí. Todos tenemos áreas en nuestra vida que debemos alinear a los caminos de Dios; por eso la Escritura nos manda que, sobre toda cosa guardada, guardemos nuestro corazón, porque de él mana la vida (Pr. 4:23). Eso quiere decir que, si el corazón de una persona está enfermo, su vida reflejará enfermedad. Si su corazón está lleno de tristeza, toda su vida le acompañará la tristeza. Si tiene falta de perdón, su cuerpo la reflejará. La condición de nuestro corazón afecta todos los aspectos de nuestra vida. ¡Por eso, es importante que guardemos nuestro corazón! Si hay heridas o resentimiento, perdone; desate a quienes le han ofendido y libérelos. Si el herido es usted, pídale a Dios que sane su corazón, porque la condición de su corazón será la condición de su vida. Si anhela una vida llena de gozo, su corazón debe estar gozoso; si quiere vivir en paz, llene su vida de paz. Hoy, decídase a hacer cambios en su vida, cambiando lo que hay en su corazón.

Pese a haber vivido terribles circunstancias cuando eran niños, los corazones de Michael y Magaly Vargas, jamás se endurecieron. Por el contrario, se dispusieron a transformar el destino de su familia. Ahora ambos son líderes en El Rey Jesús Miami, y ésta es su historia:

"Cuando era apenas un niño, Michael vio cómo su padre mató a su madre y luego se suicidó, justo frente a él. El hecho no solo lo convirtió en huérfano a temprana edad, sino que dañó gravemente su identidad, e hizo que en los rasgos de su personalidad sobresalieran la seriedad y la timidez. Un día, Michael conoció a Magaly —con quién más tarde se casaría—, cuyos padres se divorciaron cuando ella apenas tenía 6 años de edad.

"Sin embargo, cuando Michael y Magaly se casaron, hicieron el compromiso de no divorciarse, y cuando rindieron sus vidas a Jesús,

Él comenzó a sanarlos y liberarlos de todas las heridas de su infancia. Sus corazones, que antes estaban llenos de dolor y soledad, empezaron a cambiar. Ahora, oran juntos de madrugada todos los días. Michael trabaja como oficial de policía en una prisión, y predica el evangelio del Reino, tanto en la cárcel como en las calles, a los indigentes y drogadictos, dándoles esperanza, identidad y amor. Michael no teme la responsabilidad, y se ha propuesto ser todo lo que anhelaba que fuera su padre. Ama a sus hijos y pasa tiempo con ellos, es un buen proveedor, líder espiritual de su familia y un ejemplo de cristiano para los demás. Como resultado, toda su familia ha llegado a los pies de Cristo y han sido transformados por el amor y la misericordia de Dios".

ACTIVACIÓN

Si el amor de Dios, en el corazón de Michael y Magaly, pudieron transformar su condición de vida, seguro que también lo hará en la vida suya. ¿Se atreve a intentarlo?

OREMOS JUNTOS

Padre celestial, en este día pongo ante Ti las ofensas que he vivido, las malas experiencias, las heridas del pasado, y todo lo que he sufrido, desde que fui formado en el vientre de mi madre hasta el día de hoy. Tomo responsabilidad por los pecados de mis ancestros y renuncio a cada uno de ellos. Te pido Señor que me ayudes a cambiar las cosas que puedo cambiar y a entregarte las cargas que no puedo llevar. Declaro que el poder de la resurrección viene a mi vida, cambia mi corazón y hazme una persona nueva, en el nombre de Jesús. Amén.

71

"Fe es donde comienza lo sobrenatural".

Existen tres dimensiones de lo sobrenatural: fe, unción y gloria. La fe es la primera de las tres. Para que una persona se mueva en lo sobrenatural —milagros, señales, maravillas y dones del espíritu—, todo lo que tiene que hacer es comenzar a dar pasos de fe. Por ejemplo, nuestro primer edificio lo compramos por fe, pues no teníamos dinero. Después de estar pagando $3 mil al mes, pasé a pagar $30 mil mensuales; ese fue un paso gigantesco de fe. Ahí comenzó mi aventura sobrenatural en el área de las finanzas. En adelante, todo lo que adquirimos Dios lo pagó al contado; no tuvimos que endeudarnos. Lo mismo pasó en el área de milagros; comencé orando por dolores de cabeza, quistes y otras cosas, y todo lo hice en fe. La unción aún no estaba, la gloria tampoco, pero yo creía lo que dice la Escritura, y los milagros comenzaron a suceder. Usted también puede hacer lo mismo. En su trabajo, crea por un aumento de sueldo. Si alguien está siendo atormentado, libérelo en el nombre de Jesús. Si una persona está enferma, ore y en fe declárela sana. ¡Comience a moverse en fe!

Esto les pasó a los pastores Pablo y Olga Segovia, quienes viajaron desde Granada, España, para venir a la Escuela Sobrenatural del Ministerio Quíntuple (ESMQ), en Miami, a testificar del poder de Dios. Narran como en su iglesia se están produciendo milagros cada vez más poderosos, hasta llegar a los milagros creativos. Conozca su testimonio:

"Olga y yo hemos estado en el ministerio por muchos años. Siempre tuvimos hambre de crecer en las cosas de Dios, pero no sabíamos cómo hacerlo. Un día, me encontré con los libros del Apóstol Maldonado, y empecé a conocer acerca del poder sobrenatural de Dios. El Señor nos mostró que nosotros también podíamos ser usados en milagros, así que nos comprometimos con Él para llevar Su poder sobrenatural a España. Poco después, comenzaron a suceder milagros en la iglesia. En uno de los más recientes servicios, una joven mujer pasó al altar a pedir oración, porque tenía siete meses de embarazo, y los médicos le habían sugerido abortar, ya que el ultrasonido mostraba que el bebé venía con la espina dorsal bífida y no se le habían desarrollado las piernas. Así que tomé un gran paso de fe, y decreté vida, salud y un milagro creativo en el bebé. Al instante, la mujer sintió la presencia de Dios sobre ella y decidió no abortar al bebé, sabiendo que había recibido su milagro. A la semana siguiente fue al médico para hacerle saber su decisión de no abortar. El médico no estuvo contento con esa decisión, y quiso hacerle otro ultrasonido a fin de convencerla de que era necesario el aborto. Para su sorpresa, el bebé estaba completamente sano, la columna había sido cerrada, y las piernas estaban desarrolladas. ¡Gloria a Dios!"

ACTIVACIÓN

¿Se da cuenta que cuando oramos con fe estamos tocando las puertas de lo sobrenatural? Si Dios pudo usar al Pastor Segovia en España, también lo puede usar a usted. ¿Se atreve a dar un paso de fe?

ORE CONMIGO

Amado Jesús, en este día decido creer en Tu poder para obrar milagros. Le hago un "by pass" a la razón, y me conecto con la fuente divina que suple toda necesidad. Usa mi fe Señor para sanar enfermos, liberar cautivos, restaurar relaciones, ver deudas canceladas, y todo lo que Tú quieras hacer entre Tu pueblo. ¡Estoy disponible Señor para caminar en Tu poder sobrenatural! Amén.

72

"El mayor halago que la fe le puede dar a Dios es descansar en Él".

¿Qué quiero decir con esto? Cuando nuestra fe está deposita-da en Dios, una de las señales de que realmente le estamos creyendo, es que tenemos descanso. Lo opuesto a descansar es estar ansioso y preocupado. Cuando Dios terminó de crear el mundo, "reposó" (Gn. 2:2-3; Heb. 4:4). Asimismo, cuando Jesús consumó la obra de la cruz "reposó" sentándose en autoridad a la diestra del Padre (Heb. 10:12). Por tanto, si está enfrentando un problema, o pasando por un desierto en su matrimonio, sus finanzas, o cualquier otra área, y está turbado, usted no está experimentando la fe de Dios. Pero si está descansado en medio de las dificultades, tiene paz y vive en fe, usted está agradando a Dios. En este día, Él también quiere halagarle, y decirle: "Porque pese a todos tus problemas estás des-cansando en Mí, Yo te lleno de Mi paz y Mi amor. ¡Reposa en Mí!" Ahora, levante sus manos y descanse en Dios. Crea que Él cumplirá lo que le prometió. Quien comenzó la buena obra, la perfeccionará y la terminará hasta el día de Jesucristo.

Cinthia, la madre de Génesis Liliana Belinaso, tuvo que aprender a descansar en Dios, mientras su niña yacía en la cama de un hospital. Era urgente reparar su arteria Carótida, hacer crecer el hueso craneal, limpiar el hígado... Pero, ¿habrá algo imposible para Dios? Conozca este asombroso testimonio:

"Desde que tenía dos años, Génesis sufría de la enfermedad de Gaucher, causada por la falta de una enzima, que le hacía acumular sustancias dañinas en el hígado y el bazo, y le producía el agranda-miento de esos órganos. Los médicos decidieron hacerle una cirugía, pero cuando salió de la sala de cirugía no despertaba de la anestesia. Entonces descubrieron que había sufrido una hemorragia cerebral, causada por un corte en la Carótida, debido a un error médico. Tenían que operar de nuevo. Desesperado, mi esposo llamó a sus mentores, y ellos oraron reprendiendo el espíritu de muerte y declarando sanidad sobre mi niña. Génesis entró al quirófano y tuvieron que removerle una parte de hueso craneal para que la inflamación cediera.

"El domingo siguiente, yo misma me acerqué al Apóstol Maldonado y le conté el estado de mi hija. El Apóstol me entregó la toalla que había usado durante el servicio, y me dijo: 'Hija, tráemela sana'. Cuando fui al hospital, puse la toalla sobre la cabecita de mi niña, y mi esposo y yo decidimos creer y descansar en Dios. Unas horas después llevaron a Génesis de nuevo a la sala para hacerle un escaneo, y descubrieron que ¡la carótida estaba intacta! Asombrados, hicieron una junta médica para analizar lo que había sucedido, pero ¡no había explicación lógica para ello! ¡Era un milagro!"

ACTIVACIÓN

¿Está atravesando por un desierto, viviendo un tiempo de crisis, enfermedad, o tormento? ¡Muéstrele su admiración a Dios! Tenga fe y descanse en Él. ¿Quiere unirse a mí?

OREMOS JUNTOS

Padre celestial, en este día vengo delante de Ti, sabiendo que Tú tienes la solución a todos mis problemas. Creo en Ti con todo mi corazón. ¡Tú eres el Dios de lo imposible! Hoy clamo a Ti Padre, en medio de las tribulaciones, y Tú me oyes y me salvas. Tu presencia va conmigo. Descanso en Ti, porque eres el Dios de mi salvación. Amén.

73

"Para alcanzar el cumplimiento de nuestro propósito en Dios necesitamos rendirle nuestra voluntad".

Antes de ir a la cruz, el Hijo de Dios oró: "Padre, si quieres, pasa de mí esta copa; pero no se haga mi voluntad, sino la tuya" (Lc. 22:42). Como vemos, Cristo tuvo que rendir Su voluntad. Asimismo, cuando Jesús nos enseñó a orar, incluyó un decreto eterno: "...Hágase tu voluntad, como en el cielo, así también en la tierra" (Mt. 6:10). Por eso, si quiere ver el propósito y la voluntad de Dios cumplida en su vida, ríndale su voluntad. Jesús tuvo que rendir Su voluntad humana. ¿En qué sentido? Todos sabemos que Él no cometió pecado; entonces pudo haber dicho: Padre, sabes que yo no tengo que morir por ese montón de pecadores. Sin embargo, fue a la cruz voluntariamente. Porque la voluntad del Padre era que nuestra redención viniera a través de un hombre sin mancha y sin pecado. Por eso debió rendir Su voluntad. Él tuvo que ofrendar Su vida para darnos salvación y llevarnos de regreso al Padre. Si usted quiere que el propósito de Dios se cumpla en su vida, ríndase y deje que Dios haga Su perfecta voluntad.

José y Heidy Peña tuvieron que rendir su voluntad y sus vidas por completo, antes de empezar a caminar en el propósito de Dios. Esta es su historia:

"Heidy, antes de venir a Dios, lidiaba con las drogas, el alcohol y el lesbianismo; de hecho, tenía una pareja, pero no era feliz. Se sentía rechazada por todos; su familia no la quería ver, y eso le provocaba estrés, al punto de haber intentado suicidarse varias veces. Un día fue invitada a una Casa de Paz, donde encontró el amor, la aceptación y la dirección de Dios que tanto necesitaba en su vida.

"Por su parte, José, desde los 15 años era drogadicto, alcohólico y vivía en la calle. No sabía para qué había nacido y siempre estaba deprimido. Todo cambió el día que alguien le habló de Cristo, y él descubrió que tenía un propósito en Dios. Entonces, empezó a ir a una Casa de Paz, y Dios lo restauró totalmente.

"José y Heidy se conocieron en la misma Casa de Paz, y después de algún tiempo, luego de restaurar sus vidas, se casaron. Todo parecía ir bien, pero querían tener un bebé; sin embargo, el doctor le dijo a Heidy que nunca sería madre. Ella canceló el decreto del médico, en el nombre de Jesús, y declaró sanidad sobre su cuerpo. Desde el momento que, de mutuo acuerdo, José y Heidy rindieron su voluntad a Dios, ellos sabían que un milagro iba a pasar. Al poco tiempo ella quedó embarazada. Ahora, ambos caminan en el propósito divino, dándole la gloria a Jesús".

ACTIVACIÓN

Si está convencido que, para alcanzar el cumplimiento de su propósito, necesita rendirle su voluntad a Dios, es tiempo de comenzar a declarar con entendimiento.

ORE CONMIGO

Padre nuestro que estás en los cielos, honrado sea Tu nombre. Venga a nosotros Tu reino y Tu gobierno. Hágase Tu voluntad en la tierra, como es hecha en el cielo; que la cultura del cielo invada la tierra; que venga Tu reino de poder y destruya las obras del diablo. Perdona nuestras ofensas y libéranos de la falta de perdón que nos lleva a vivir ofendidos con nuestros hermanos. Líbranos Señor de todo mal, porque vivimos en el mundo, pero no pertenecemos al mundo. Todo lo pedimos en el nombre de Jesús. Amén.

74

"La gente nunca verá a Jesús excepto través de nosotros".

Jesús visita al necesitado, sana al enfermo, alienta al deprimido, anima al desanimado, y todo lo hace usando nuestra humanidad. Usted y yo somos Su cuerpo; sin embargo, la gente quiere ver en nosotros algo que les refleje a Dios, que les muestre al Cristo vivo, que les diga lo que Dios está hablando en el ahora, y que esté comprometido en las cosas que Dios hace por Su pueblo. Al fin y al cabo, somos Su iglesia, el cuerpo establecido por Dios para representarlo en la tierra. Somos la entidad legal a quien Jesús le dio poder y autoridad para atar y desatar, sanar a los enfermos y liberar a los cautivos. La gente quiere ver a Dios actuando a través de nosotros. Por eso, cuando alguien es sanado, confirmamos lo maravilloso que es Dios, y nos sentimos agradecidos porque Él nos usó. Nosotros no hacemos milagros. ¡Dios obra milagros a través de nosotros! Si solamente oramos, pero no visitamos al enfermo, no le predicamos a quien necesita a Dios ni testificamos de Su poder, entonces no somos Su cuerpo. Tenemos que orar, pero también actuar.

Andy es un evangelista que vive en la India. Él declaró que mientras veía el programa Lo Sobrenatural Ahora su fe fue desafiada. Este es su testimonio:

"Mientras miraba el programa en la televisión, el apóstol Maldonado dijo que debemos renovar nuestra mente y dejar de limitar a Dios con nuestro razonamiento. Esto realmente me desafió en el área de evangelismo. Yo ya era un hombre de oración y compartía el evangelio, pero ahora sentí un llamado para demostrar al Dios de la Biblia. Un día fui a un pueblo fuera de Mumbai, y encontré a una niña de 7 años, que yacía tullida sobre una estera. Su padre se acercó a mí. Supe al instante que era musulmán y la familia no había oído el mensaje de Jesús, por lo que declaré audazmente que la niña se levantaría y caminaría, y que su padre vería el poder y el amor de Cristo. Les compartí el mensaje de la sangre de Jesús, y empecé a orar y reprender el espíritu de enfermedad. Después de haber orado, la chica declaró que sentía algo en sus piernas, pero no se levantó. Al día siguiente, el padre me encontró y me dijo: 'Mi hija se levantó de la cama y se fue! ¡Anda corriendo por el pueblo!' Eso hizo que la fe de todo el pueblo aumentara, al igual que la mía. Entonces supe que Dios quiere mostrar Su Hijo al mundo. Tenemos que salir de nuestra zona de comodidad para ir al mundo a mostrar las obras poderosas de Dios".

ACTIVACIÓN

El movimiento de lo sobrenatural hace tiempo dejó de ser algo local para trascender al mundo. No es un evento aislado, es algo continuo y permanente. No pertenece a una determinada raza o nación, es algo global. Usted también puede unirse a él.

OREMOS JUNTOS

Padre celestial, Tú nos has llamado para mostrar Tu Hijo Jesucristo al mundo entero, y quieres hacerlo de la forma que Tú sabes: mostrando Tu poder sobrenatural a esta generación. Hoy declaro Señor, que estoy disponible para ir donde Tú me envíes. No temeré mal alguno porque Tú estarás conmigo. Tú me respaldarás con milagros, señales y maravillas. Mientras voy, Tú estarás conmigo. Mientras voy, Tú usarás mi humanidad para llegar al necesitado. Mientras voy, Tú transformarás mentes, cambiarás corazones y liberarás el alma cautiva por el diablo. ¡Úsame Señor Jesús! ¡El mundo te conocerá a través de mí!

75

"El enemigo lo destruirá en cualquier área donde le falte conocimiento".

La falta de conocimiento revelado nos lleva a la destrucción. El profeta Oseas le advirtió al pueblo de Israel la importancia de conocer, discernir y ser sabio para escoger el camino que el Señor le había puesto por delante. Cualquier camino que nos lleva a alejarnos de Dios termina en un abismo de muerte, por eso, debemos saber escoger a quién y en qué creer. En el área donde le falte conocimiento, el enemigo tendrá acceso para construir una fortaleza. Desde esa área él comenzará a atacar su cuerpo, mente, alma y espíritu. Vivimos en un mundo donde la información se adquiere fácilmente, y no tenemos excusa para ser ignorantes. El Señor me ha dado mucha revelación, toda la cual está disponible en forma de libros, manuales, CDs y DVDs, para que usted adquiera conocimiento. Cuando camina en ignorancia, el enemigo toma ventaja; por eso, hoy debe buscar el conocimiento más alto, que es el conocimiento de Dios. En toda área donde falte ese conocimiento, el enemigo se encubrirá para destruirlo. Rechazar el conocimiento divino equivale a despreciar o no valorar lo que Dios está diciendo.

Después de haber vivido amargas experiencias, Christine Murillo entendió que no conocía el verdadero amor. Tratando de buscarlo, el enemigo estuvo a punto de destruir su vida, pero Jesús llegó a tiempo a rescatarla. Esta es su historia:

"Cuando tenía cuatro años fui abusada sexualmente. Eso me trajo vergüenza y resentimiento, porque nadie me defendió cuando un hombre me hizo que le tocara sus partes íntimas. La experiencia se tornó en resentimiento contra Dios y la gente, hizo que perdiera mi identidad sexual, y me convirtió en lujuriosa y atea. Caí en la masturbación, y aunque varias veces intenté dejarla, nunca pude parar de hacerlo. Así que elegí suicidarme, cortándome a mí misma, porque me sentía adicta y la soledad me atormentaba. Recuerdo que un día clamé a Dios y le pedí que me mostrara que Él era real. Entonces apareció alguien que me invitó a El Rey Jesús, y allí experimenté el verdadero amor.

"Apenas le entregué mi vida a Jesús, Él me liberó de la masturbación. Antes solía involucrarme en diferentes relaciones en busca de amor, pero sin conseguirlo. Ahora soy una nueva persona, he sido totalmente transformada por el amor de Dios. Ya no siento vacío ni ira en mi corazón. Perdoné al hombre que abusó de mí, y mi corazón está en paz. El enemigo trató de usar esa experiencia para destruirme, pero Jesús me rescató. Actualmente, Él me usa para liberar a otras mujeres que están en la misma condición".

ACTIVACIÓN

El enemigo jamás podrá penetrar sus pensamientos, pero sí sabrá cómo usted reacciona ante los dardos que envía a su mente. El diablo es un especialista en atacar a matar en cualquier área donde le falte conocimiento. ¿Quiere aprender a defenderse de esos ataques?

OREMOS JUNTOS

Padre celestial, en este día clamo por conocimiento revelado en cada área de mi vida. Declaro que hoy caen las vendas de mis ojos que no me permiten discernir la sabiduría que proviene de Ti. Espíritu Santo de Dios, dame espíritu de sabiduría y revelación para conocerte. Enséñame a escoger el camino que me lleva a Tu presencia, porque cualquier camino que me aleje de Ti, termina en abismo, muerte y destrucción. Te doy gracias Padre, en el nombre de Jesús. Amén.

76

"Dios está en todas partes, pero Su presencia no se manifiesta en todo lugar".

Hay personas que dicen, "no importa a qué iglesia vaya, ahí está Dios, porque Él está en todas partes". Sí, es verdad que Dios está en todas partes, pero no en todo lugar manifiesta Su presencia. De la misma manera podríamos decir que si va a un bar, Él está ahí, pero nadie va buscándolo ni espera verlo. Dios solo se manifiesta cuando lo alabamos, lo adoramos, lo honramos y cuando predicamos Su palabra. En nuestra iglesia, Dios sí manifiesta Su presencia. ¿Cómo lo sabemos? Porque cantidad de gente se sana, cientos se liberan, muchos empiezan a llorar incluso desde que entran al estacionamiento. Esto sucede porque la presencia de Dios está con nosotros. Sin embargo, la *shekina* de Dios, que es la manifestación visible de Su presencia, no es algo estático, sino que va con nosotros donde quiera que vamos. Varios países han sido testigos de cómo la presencia de Dios llena la atmósfera del lugar donde predico, porque Él trasciende el ámbito espiritual para impactar el ámbito natural. Aunque no somos los únicos, sin duda, ¡Dios manifiesta Su presencia en medio de nosotros!

Para Walter Jhon, de Bolivia, el día que Dios lo sanó de una enfermedad incurable, mientras manejaba su carro, es inolvidable. Solo tuvo que creer lo que predicaba el hombre de Dios; el resto fue una experiencia sobrenatural. Este es su testimonio:

"Durante cinco años, sufrí del Mal de Chagas en fase terminal. Esa enfermedad afectó mi sangre, mi corazón y mi mente. Era una maldición generacional que venía por la línea de mi madre; incluso ella murió de la misma enfermedad a los 46 años. Un día, mientras viajaba en mi carro, sintonicé un programa del Apóstol Maldonado en la radio. Hablaba acerca de cómo recibir sanidad, y el Apóstol enseñaba que, primero hay que perdonar a quienes nos han hecho mal. Eso era muy difícil para mí, porque había mucho odio acumulado en mi corazón.

Sin embargo, me arrepentí de mis pecados y perdoné. Cuando el Apóstol comenzó a ministrar, dijo: 'Hay una persona con una condición en la sangre que Dios la está sanando, ahora'. En ese momento, como una manifestación de Su presencia, una luz del cielo llenó mi carro, y supe que había recibido mi sanidad. Cuando fui a la consulta médica, me emocioné porque lo que parecía una enfermedad terminal, ¡Dios la desapareció en un instante! Él restauró todo daño que había sufrido mi corazón mi mente y mi sangre. Estoy tan agradecido por ese encuentro con Dios en mi carro, que le serviré el resto de mi vida, y predicaré Su palabra donde vaya".

ACTIVACIÓN

¿Quiere que Dios se manifieste en su vida? Adórelo, lea Su Palabra, escuche una revelación para el ahora; en fin, haga algo que lo conecte con Él. ¿Quiere empezar?

ORE CONMIGO

Amado Padre celestial, manifiesta Tu presencia en este lugar. ¡Yo quiero ver Tu gloria, Tu Shekina gloria! Manifiesta Tu poder sobrenatural y sana mi cuerpo, limpia mi alma, hazme una nueva persona. Que Tu poder se manifieste. Que la atmósfera del cielo invada la tierra. Que Tu Reino gobierne la tierra, y que la paloma del Espíritu Santo repose sobre mí. Todo esto lo pido en el nombre de Jesús, Tu Hijo unigénito. Amén.

77

"Las ofensas se arraigan en el corazón, no en la mente".

Usted nunca ha escuchado a alguien decir, "mi mente está ofendida". Por el contrario, es común oír, "mi corazón está ofendido", porque es en el corazón donde radican los sentimientos. De ahí que sea importante que perdonemos las ofensas para que tengamos paz en el corazón. Las ofensas son trampas del enemigo para robar nuestro propósito, destino y armonía en las relaciones. Hay quienes se ofenden porque no pueden ver a otros felices, bendecidos, prosperados o amados. Les ofende la prosperidad ajena, porque no quieren que nadie tenga más éxito que ellos, aunque sean mediocres en lo que hacen. Otros se ofenden porque su prójimo es más inteligente o tiene una vida familiar feliz, y ellos no. No toman en cuenta los sacrificios que la otra persona ha tenido que hacer, los pactos que ha hecho con Dios y ha cumplido. La gente se ofende porque es inmadura. Por eso, aprender a perdonar es signo de madurez. Perdone hoy a todo el que lo ha ofendido, llámelo por su nombre y libérelo de toda atadura. ¡Bendígalo en el nombre de Jesús, suéltelo y déjelo ir!

Rafael Aracia, de nuestra iglesia en Miami, tuvo que aprender a perdonar para tener paz en su corazón. Le invito a leer su testimonio:

"Llevaba cinco años sufriendo a causa de una pelea con cinco de mis primos. A raíz de eso discutíamos todos los días. Estábamos en el mismo negocio, y la sangre me ardía, y mi corazón se aceleraba cada vez que los veía. Me bajaba de mi camioneta con un martillo en la mano, porque era yo solo contra ellos cinco, que siempre andaban juntos. Decía, 'por si me hacen algo yo tengo con qué defenderme'. Un día conocí a Jesús y le entregué mi corazón, y a partir de ese momento hubo un cambio en mi vida. A los dos meses de estar congregándome, al pedir los diezmos y las ofrendas, el Apóstol Maldonado dijo: 'Deja ahí tu sobre y ve a arreglar el problema que tienes con tus enemigos, porque solo cuando lo hagas, Dios va a recibir esa ofrenda con olor fragante'. Inmediatamente me acordé del problema que tenía con mis primos. Así que apenas terminó el servicio me fui directo a casa de ellos, y allí estaban todos, en casa de la mamá. Les pedí perdón por las ofensas y empecé a perdonarlos uno por uno, y a la mamá también. Fue increíble lo que Dios hizo en nuestras vidas ese día. Todos nos perdonamos uno al otro, y el Señor restauró nuestra familia".

ACTIVACIÓN

Hoy Dios le llama a limpiar su corazón, de toda ofensa y falta de perdón que ha tenido acumulada por mucho tiempo. ¿Está dispuesto a empezar una nueva vida?

ORE CONMIGO

Señor Jesús, te pido perdón por todos mis pecados, me arrepiento por las ofensas que te he causado. Perdono a todo aquel que necesite mi perdón, me perdono a mí mismo, y a partir de este momento te pido que sanes toda herida que hay en mi corazón. Rompe toda cadena que me esclavizaba a la ira, el resentimiento, la envidia, el odio y la falta de perdón. Sana Señor mi corazón, de adentro hacia afuera. ¡Soy libre de toda esclavitud con el pasado, en el nombre de Jesús! Amén.

78

"La alabanza afirma las obras poderosas de Dios, la adoración reconoce la persona de Dios".

Numerosas personas piensan que la única diferencia entre alabanza y adoración es que la primera tiene un ritmo rápido y la segunda es más lenta. Sin embargo, hay mucho más que eso. Alabar es declarar los poderosos hechos de Dios en la vida de nosotros, mientras que adorar es una actitud interna de humildad, respeto y reverencia a Dios, la cual se demuestra con actos visibles, y se expresa con sacrificio, sin anhelo de recompensa. Adorar es declarar los atributos y la naturaleza de Dios. En el Antiguo como en el Nuevo Testamento, la Escritura describe una postura del cuerpo para alabar y adorar. Es decir que, no se trata tanto de lo que decimos como de la actitud con que lo hacemos. Tampoco es sólo una postura física, sino una actitud del espíritu, alma y cuerpo. Una cosa es que usted halague a una persona por lo que hace, y otra que lo exalte por lo que es. Cuando alabamos, proclamamos las poderosas obras de Dios, pero cuando adoramos, le rendimos reverencia, con humildad de corazón, reconociendo quién es Él.

¿Qué debemos hacer para recibir un milagro creativo de Dios? ¿Cómo puede un metal convertirse en hueso o en carne? Norma Negrón, de Miami, solo tuvo que creer con humildad en su corazón. Y Dios le concedió lo que anhelaba. Lea su testimonio:

"Hace 19 años fue agredida y asaltada, y eso causó la pérdida de la órbita del ojo y el hueso de la mejilla izquierda. Quedó tan mal mi cara que necesité cirugía reconstructiva. Para mantener unido el pómulo y el párpado al hueso, tuvieron que ponerme una placa de metal e insertarme varios tornillos. Eran tan evidentes que se podían ver y tocar a través de la piel. La cara se me deformó, por lo que solía tapar el lado izquierdo de mi rostro con el cabello, a fin de disimularlo. Con el tiempo, me fui acostumbrando a mi cara deformada, aunque era infeliz. Sin embargo, en un servicio el Apóstol Maldonado hizo un llamado a las personas que tuvieran metales en el cuerpo. Ese día escuché lo que tanto deseaba. Adoré a Dios y me apropié de la palabra del Apóstol cuando dijo: 'Donde haya metal, Dios lo rellenará con huesos y carne'. De repente, mientras oraban por mí, empecé a sentir un gran calor, como si tuviera fuego en la cara. En ese momento, la placa de metal y los tornillos se fueron haciendo más y más pequeños, hasta que desaparecieron. Maravillada por el poder de Dios, comencé a palpar el hueso en la mejilla. ¡Ya no estaban los tornillos! No dejo de dar gracias a Dios por ese milagro".

ACTIVACIÓN

Alabar, adorar, creerle a Dios con humildad de corazón, y tener una buena actitud de espíritu, alma y cuerpo, son las claves para que Dios obre milagros creativos. ¿Qué está necesitando usted en este momento?

ORE CONMIGO

Amado Padre celestial, creador de maravillas, Dios todopoderoso y eterno. Te alabo Señor por Tus obras poderosas; todas son grandes, portentosas, majestuosas, inconmensurables. ¡Digno eres de alabanza y adoración Señor del cielo! Te adoro Señor porque eres Padre amoroso, Dios justo, digno y santo. ¡Muestra Tu poder sobrenatural en mi vida, aquí y ahora! Hoy recibo mi milagro en el nombre de Jesús. Amén.

79

*"Usted sabe que su mente ha sido
renovada cuando lo que antes le parecía
"imposible" ahora le resulta lógico".*

La razón por la que siempre nos asombramos de las proezas de
Dios, es porque la razón humana por sí misma no alcanza a entender las cosas divinas. La mente caída, aunque tiene una vasta imaginación, resulta limitada e incapaz de comprender los maravillosos planes, propósitos, ideas y pensamientos de Dios. Sin embargo, cuando nuestra mente es renovada en Cristo, comenzamos a pensar según el punto de vista del cielo, porque tenemos acceso a la imaginación de Dios. Asimismo, cuando Dios hace un milagro, la mente que no está renovada no lo entenderá, porque no es algo lógico ni concuerda con la razón humana. Es como si usted le hablara en chino a alguien que solo habla español; esa persona no lo va a entender. Pero si usted le habla en su idioma, lo que diga tendrá lógica para él o ella. Por eso, dudar de la Palabra de Dios es una pérdida de tiempo. Necesitamos renovar nuestra mente, para tener acceso a la forma de pensar de Dios y a la lógica del cielo.

Mark pensó que le estaba pidiendo algo "imposible" a Dios cuando le demandó que lo llamaran por su nombre y dijeran el motivo por el que estaba orando. ¡Y el Señor lo hizo! Su testimonio es impactante:

"Hace unos años empecé a experimentar un ritmo cardíaco bastante acelerado en mi pecho; era tan fuerte que con frecuencia me despertaba alterado. Un día, mientras estaba viendo TBN, vi al Apóstol Guillermo Maldonado y varios otros ministros que estaban en el programa "Praise the Lord" (Alabado sea el Señor). Entonces le dije a Dios: "Señor, permite que uno de esos apóstoles diga la razón por la que Te estoy creyendo, y que me llame por mi nombre". El programa ya casi estaba llegando al final, cuando de repente el Apóstol Maldonado dijo: 'Hay un hombre que está viendo a través de la televisión y tiene una enfermedad en el corazón. Su nombre es Mark. ¡Mark, algo le pasó a tu corazón, y Dios te está sanando ahora mismo!'

"A cientos de millas de distancia, ¡yo fui sanado al instante! Después de eso, ¡nunca más latió acelerado mi corazón! Ese día, mi mente fue renovada acerca de lo que es y no es imposible. Entonces comprobé que ¡para Dios no existe esa palabra!"

ACTIVACIÓN

El Espíritu de Dios me dice, que hay alguien muy cercano a usted, amado lector, que está pasando por una situación, que ha pensado que es imposible que se solucione. Hoy el Señor quiere mostrarle Su amor y cambiarle su manera de pensar. ¿Se atreve a creer?

OREMOS JUNTOS

Señor Jesús, en este día, rompo toda fortaleza mental, echo fuera el espíritu religioso, y derribo toda limitación que me frena de ir por encima y más allá del mundo natural, para entrar en el ámbito de lo sobrenatural. ¡Lo que para el mundo parece imposible, es posible para Dios! Ahora Señor, comienzo a entender las cosas divinas y a comprender los maravillosos planes, propósitos, ideas y pensamientos que tienes para mí. ¡Hoy recibo mi milagro! ¡Mi mente es renovada en el nombre de Jesús! Amén.

80

"La religión proviene de la falta de experiencia con Dios".

La mayoría de la gente religiosa no va a sus templos en busca de milagros; tampoco anhela ser transformada. En verdad, buscan algo, tienen hambre espiritual, pero no pueden ser saciados en sus templos, porque la religión carece de poder y es incapaz de llenar ese vacío, pues siguen ideas abstractas de líderes muertos. En cambio, el cristianismo para nada es abstracto, porque nuestro líder está vivo y Su poder está probado. El cristianismo requiere una experiencia de vida y una relación íntima con su fundador. Su poder está íntimamente ligado al mensaje del evangelio, mientras las otras religiones permanecen estancadas, sin producir una experiencia sobrenatural, simplemente porque carecen de verdadero poder. Hoy, amigo lector, le invito a que tenga un encuentro con Jesús, el Hijo de Dios, el cual vino a la tierra, entregó Su vida por nosotros, resucitó al tercer día, venció a la muerte y al diablo, y ahora está sentado a la derecha del Padre reinando con autoridad.

Rodrigo Terreros, un líder de Casa de Paz en Lima, Perú, tuvo una experiencia de primera mano con el espíritu de religión. Felizmente estaba entrenado y equipado para demostrar el poder sobrenatural de Dios. Este es su testimonio:

"El grupo y yo ayunábamos mientras les enseñaba sobre la importancia de morir al yo. Por ese tiempo recibimos a una pareja nueva. Ella venía de los Testigos de Jehová, pero nunca había tenido una experiencia con Dios, mientras su esposo se emborrachaba a más no poder. Una noche, al terminar la Casa de Paz, justo cuando íbamos a compartir los alimentos, se oyó un ruido fuerte y seco, como si cayera un árbol, y todos salimos a ver que era. Para sorpresa nuestra, era José, el esposo de esta señora, quien totalmente ebrio había caído de una altura de dos pisos y aterrizado sobre unas rocas. En medio de los gritos de la esposa, empecé a orar y destruir toda obra del diablo. De pronto, José respiró fuertemente y reaccionó. Cuando lo levantamos tenía el pie roto y el tobillo fuera de su lugar. Lo acomodamos en la casa y vimos la gravedad del pie. Seguimos orando, y a vista de todos, Dios le sanó el pie y el tobillo volvió a su lugar. Todos quedaron maravillados al ver a Dios obrando milagros en medio de ellos. De inmediato, el efecto del alcohol se fue y José y su esposa confesaron a Cristo como Señor y Salvador".

ACTIVACIÓN

En Jeremías 33:3 la Biblia nos enseña cómo tener una experiencia con Dios. Dice: *"Clama a mí y Yo te responderé"* ¡Él está listo para responderle! ¿Quiere usted clamar a Él?

OREMOS JUNTOS

Padre celestial, en este día arranco de mi vida todo espíritu de religión, porque la religión mata, pero el Espíritu vivifica. ¡Clamo por una experiencia sobrenatural! Hoy me uno a quienes claman, sabiendo que Tú manifiestas Tu poder en medio de ellos. Me uno a los evangelistas que en las calles claman por Tu poder sobrenatural para demostrar que sirven a un Dios vivo. Me uno al clamor de los discípulos comprometidos que anuncian el evangelio donde van. Sé que no tardarás en responderme. ¡Clamo de día y de noche, a Ti Padre, en el nombre de Jesús! Amén.

81

"La medida que tengamos de Dios será la misma medida en que hayamos muerto al viejo hombre".

En Juan 3:30 leemos: *"Es necesario que él crezca, pero que yo mengüe"*. Debido a que la muerte del "yo" no es un evento único, sino continuo, podemos decir que vamos a recibir de Dios una medida igual a la que le rindamos de nosotros mismos. ¿Qué parte de nosotros debe morir para que Cristo viva? Nuestro "yo carnal", la naturaleza pecaminosa, el "yo" egoísta, orgulloso y soberbio. Él nos dará tanto de Sí como le hayamos entregado de nosotros. Dicho de otra manera, en nosotros vivirá tanto de Él, como lo que haya muerto de nuestra naturaleza egoísta. Somos como una vasija que no puede llenarse de dos contenidos al mismo tiempo. Cuanto más se vacíe de uno, más recibirá del otro. Es un intercambio, donde le damos a Dios las cosas malas nuestras, y a cambio Él nos entrega las buenas cosas Suyas. Si usted le cede su voluntad humana, Dios hará Su voluntad divina. Si cada día le entregamos a Dios nuestra iniquidad, Dios nos dará más de Su virtud divina.

John Mira, de Miami, tuvo que entender que para que Dios viviera en Él, tenía que morir a su naturaleza egoísta y pecaminosa. Este es su testimonio:

"Cuando John era muy joven, su familia perdió la mayor parte de su fortuna y propiedades, y en poco tiempo pasó de ser financiera-mente pudiente, a no tener nada y dormir en un almacén. Debido a la situación financiera de su familia, constantemente era acosado, y esto lo llevó a andar a la defensiva y desarrollar problemas de conducta. Desde que tenía 11 años comenzó a consumir drogas y beber alcohol. Con frecuencia lo echaban de las escuelas, se unió a una banda, y trató de suicidarse varias veces. En una de esas oportunidades, estando a punto de apretar el gatillo, su hermana entró en la habitación y lo vio; poco después, ella murió y él cayó en profunda depresión, y llegó a hacer pactos con el diablo. Su madre, desesperada por ver un cambio, insistió en que fuera a El Rey Jesús Miami, porque su presencia en casa la atemorizaba. El día que John se entregó a Dios, el rechazo, las inseguridades, el dolor y la vergüenza terminaron. Todo fue sustituido por el amor sobrenatural e incondicional de Dios. Ese día, John rindió su voluntad, y decidió vivir una vida para Dios. De ahí en adelante, no ha bebido alcohol o usado drogas. Como si fuera poco, los cargos por tres delitos graves que Juan había acumulado, fueron desechados por la corte".

ACTIVACIÓN

Si considera que su vida está llena de las cosas del mundo, es tiempo de aumentar en usted la medida de Dios. ¿Se atreve hoy a morir al viejo hombre, para darle cabida a Dios?

OREMOS JUNTOS

Señor Jesús, hoy Te rindo mi vida y mi voluntad, para que hagas Tu voluntad divina en mí. Muero al "yo carnal", a la naturaleza pecaminosa, al "yo" egoísta, al orgullo y la soberbia, para que Tú seas formado y crezcas en mí. Amado Jesús, hoy muero al "viejo hombre" para tener una mayor medida de Ti. Aumenta Tu presencia en mí, para que, siguiendo la verdad en amor, crezca en todo conforme a la medida de Cristo. Amén.

82

"Las señales sobrenaturales y las evidencias están garantizadas para quienes van".

Muchos cristianos se advierten entre sí: "no se junten con las personas del mundo". ¡Con esa mentalidad, cómo vamos a llegarle a quienes debemos predicar el evangelio! (1 Co. 5:9-10). Es imposible cumplir la gran comisión si no vamos donde ellos están. Claro, no debemos apegarnos al sistema del mundo (Stg. 4:4) ni adoptar su mentalidad, pero sí debemos ser la luz que los guíe a Jesús. Marcos 16:17 afirma que *"estas señales seguirán a los que creen: En mi nombre echarán fuera demonios; hablarán nuevas lenguas…"* En otras palabras, las señales y milagros van a seguir a los que "van", no a quienes se quedan en casa. Usted no ve que a un carro estacionado le sigan las señales de tránsito; éstas aparecen cuando el carro se mueve. Igualmente, Dios le dará señales de que está con usted, cuando ora por los enfermos, echa fuera demonios y desata el poder de Dios sobre las personas. No hace falta que se vaya de misionero al África, sino que mientras va por la vida, Dios garantiza que Su presencia y poder sobrenatural lo seguirán, y las evidencias serán los milagros y señales sobrenaturales.

Los Pastores Henry y Marcela Vergara, de una de nuestras iglesias de cobertura en Colombia, dan testimonio de cómo las señales sobrenaturales los empezaron a seguir, cuando se dispusieron a hacer lo que Dios les mandó hacer:

"Llevábamos 10 años en el ministerio, pero estábamos estancados; en nuestra iglesia no pasaba nada. Sin embargo, al final de un retiro de parejas, el Apóstol Maldonado nos dio una palabra profética de que algo iba a pasar en nuestra iglesia, e iríamos a Miami. No fue fácil obtener la visa para Estados Unidos, pero Dios abrió las puertas para viajar.

"Llegar a El Rey Jesús, en Miami, fue el inicio de nuestro aceleramiento personal y ministerial. ¡Desde entonces, nuestra congregación se ha triplicado! Pasamos de 500 a 1500 personas, y Dios nos ha dado un templo valorado en un millón de dólares, que terminamos de construir en agosto de 2015.

"Además, Dios nos ha usado para obrar milagros portentosos. Por ejemplo, hace un mes, tuvimos la resurrección de un niño de 4 años. Todo comenzó como a las 4 de la mañana, cuando Dios despertó a la mamá del niño para que fuera a verlo a su cuarto. Al llegar lo vio convulsionando. A gritos llamó al padre, y cuando él llegó, se horrorizó al ver que su niño no respiraba y ya estaba morado. Ellos no sabían qué hacer. Gracias a Dios, la hija mayor había regresado esa misma noche de una conferencia en la iglesia. Al ver lo que pasaba, clamó por el poder de la resurrección. Con autoridad reprendió el espíritu de muerte y, en el nombre de Jesús, decretó vida en su hermanito. ¡Y el niño volvió a la vida! Ahora el niño está perfectamente bien, para la gloria de Dios".

ACTIVACIÓN

¿Quiere que lo sigan las señales y los milagros? Comience a caminar en el poder sobrenatural de Dios. ¿Está listo para empezar?

OREMOS JUNTOS

Señor Jesús, bendigo este día en Tu nombre y declaro que Tu propósito se cumple en la tierra. Señor, quiero hacer Tu voluntad, predicar Tu palabra y cumplir la gran comisión. ¿Dónde vamos a ir hoy? ¿Qué personas vamos a contactar? ¿Cómo me vas a usar hoy? Quiero ir donde están los que te necesitan, los que claman a Ti por un milagro, los humildes de corazón, los que anhelan un toque de Tu poder sobrenatural. Sé que mientras voy, Tú estás conmigo, y las señales me siguen. ¡Gracias Señor Jesús!

83

"El ego es el mayor obstáculo para hacer la voluntad de Dios".

El ego es la parte del alma donde se aloja el "yo quiero", "yo siento" y "yo pienso". Hay quienes no se entregan a Cristo por egoísmo; porque tienen miedo de dejar su comodidad, seguridad, familia, dinero, posición o sentido de seguridad. Por eso, continuamente debemos rendir a Dios nuestra voluntad, porque cuando ésta no es cambiada, se convierte en testaruda, independiente, orgullosa y jamás se somete. El ego se opone rotundamente a hacer la voluntad de Dios. Cuando Dios quiere que hagamos algo, nuestro ego se planta en el camino y decide no obedecer. Dice: no quiero que me muevan de mi comodidad, no quiero que hagan esto, me niego a hacer lo otro… Una manifestación del ego es el egoísmo. Equivale a pensar que todo, incluso Jesús, debe girar alrededor nuestro; es creer que somos el centro de atención del mundo y que todos los demás merecen menos aprecio y estima. ¿Cuál es el remedio contra el ego? La respuesta es la cruz. Por eso, todo hombre o mujer que no se somete al principio de la cruz corre el peligro de corromperse.

Solamente el poder de Dios pudo sacar a Joshua Rodríguez, de la vida egoísta que llevaba. Cuando él le rindió su voluntad, Dios comenzó a edificar un nuevo hombre. Este es su testimonio:

"Crecí sin padre y carente de identidad. Muchos de los chicos que vivían en mi barrio, vendían o consumían drogas y todos pertenecían a alguna banda. Crecí fumando marihuana, tomando pastillas, bebiendo, y acostándome con diferentes mujeres. Busqué la popularidad, la fama y el reconocimiento. Amaba el dinero y lo hice mi dios; me hacía sentir tan orgulloso, que lo único que pensaba era en sobresalir. Un día en la escuela, al salir de clase, un par de personas me habló de Dios y me invitó a una Casa de Paz. Cuando llegué allí, comenzaron a adorar a Dios, y una sensación de hormigueo vino sobre mi cuerpo. Sin saber por qué, me puse a llorar. Yo no había derramado una lágrima en más de 8 años, porque mi corazón estaba endurecido por todo lo que había vivido en el pasado.

"Ese día supe que, algo que no entendía estaba ocurriendo. De mis hombros salió un peso que había llevado toda mi vida. Al irse el orgullo, me comprometí con Dios y comencé a servir a Su pueblo. Con los líderes de Casa de Paz empezamos a evangelizar en las zonas pobres; nos gustaba ir a lugares donde otros no iban, porque como yo venía de allí, mi testimonio les tocaba. Ahora sé que la gracia de Dios me sigue donde quiera que voy".

ACTIVACIÓN

Como Joshua, quizá para usted el mayor obstáculo también sea destronar el ego. Hoy Dios lo llama a hacer Su voluntad. ¿Está listo para seguirlo?

ORE CONMIGO

Señor Jesús, necesito de Ti. Saca todo demonio de orgullo que hay en mí. Acaba con el hombre viejo que aún vive en mí. Necesito que entres en mi vida y transformes todo ese pasado de arrogancia, orgullo, falta de perdón, idolatría, dolor, adicciones y malos recuerdos. Señor, haz Tu voluntad en mí, restaura mi corazón y sana mis heridas. Bautízame con el poder de Tu Espíritu Santo y hazme una nueva criatura. Amén.

84

"Cuando Satanás ve amor, también ve poder".

Por amor, una persona puede hacer cosas que en otras circunstancias no haría. Imagine a un padre que tiene un hijo enfermo; si ese padre no tuviera dinero, haría hasta lo imposible para que su hijo sanara. Lo mismo hace Dios con nosotros. Quienes dicen que hay que enfocarse en el amor de Dios, y no en Su poder, no entienden que Dios usa Su poder para demostrar Su amor. Esto quiere decir que, cuando Dios sana a una persona, lo hace por amor. ¿Qué grado de amor lo movería a usted a salvar a su hijo…? Bueno, un amor igual es el que mueve a Dios. Por amor, Cristo fue a la cruz. Por eso, cuando Satanás ve que nos movemos por amor, ve el poder de Dios en acción; el mismo amor y el mismo poder que le propinó una derrota contundente e irreversible en la cruz (Col. 2.14-15). Si hoy está enfermo, yo desato el amor de Dios para que Su poder sane su mente y toda herida física y emocional que está afectando su vida. ¡Ahora mismo lo declaro sano y libre, en el nombre poderoso de Jesús!

El amor de una madre y una abuela fue el que activó el poder de la resurrección en Luz González. Cuando los médicos pronosticaban lo peor, Dios intervino y la libró. Esta es su historia:

"Luz estaba nadando en la piscina, cuando de pronto, sin causa aparente se ahogó. Cuando fue hallada por su madre que es enfermera, Luz ya estaba muerta. No tenía pulso, estaba hinchada, y no presentaba ningún signo vital. ¡Estaba muerta! Al verla, la abuela oró por ella, reprendiendo el espíritu de muerte, y declarando vida sobre Luz. Siete minutos después, la abuela sintió que no podía orar más. Fue entonces cuando vio la silueta de un hombre a su lado que le dijo: 'Sierva de Dios, en tu boca está el poder de la vida'. Así que ella comenzó a orar en lenguas, y entonces, ¡Luz se levantó de entre los muertos! Cuando la ambulancia con los paramédicos la llevaron al hospital, le dijeron a la madre que si se salvaba, Luz quedaría parapléjica, debido a la falta de oxígeno en el cerebro por tanto tiempo. Sin embargo, la madre y la abuela reprendieron a Satanás, no aceptaron el pronóstico médico, y declararon vida. Ahora la chica está sana, para la Gloria de Dios".

ACTIVACIÓN

¿Qué cosas le está susurrando Satanás al oído? ¡Repréndalo en el nombre de Jesús! Recuerde que cuando él ve amor en usted, ve el poder de Dios actuando. Así que, si algo está muerto en su vida, resucítelo ahora mismo. ¿Quiere unirse a mí?

OREMOS JUNTOS

Padre celestial, en el nombre de Jesús, declaro que el perfecto amor echa fuera el temor. Hermano(a), quizá su relación matrimonial está muerta, y necesita revivirla... Tal vez la relación con sus hijos u otros familiares está dañada, y necesita repararla... A lo mejor sus finanzas han caído, y necesita con urgencia salir de deudas... Posiblemente le declararon una enfermedad incurable, y necesita el poder de la resurrección... Cualquiera sea su situación, usted tiene poder para vencer las obras de maldad. Declaro que el amor de Dios está restaurando matrimonios, haciendo volver a los hijos, unificando familias, cancelando deudas y sanando cuerpos. Ato y echo fuera el espíritu de muerte, y declaro vida. ¡Satanás, te ordeno que huyas, en el nombre de Jesús! Amén.

85

"Si no sabemos escuchar a Dios, no tendremos nada relevante que decir".

E s ilegal hablar algo que Dios no ha dicho; pero, además, es irrelevante y hasta peligroso hablar algo que no hemos oído de Dios. Por eso, necesitamos aprender a oír la voz de Dios, porque cada vez que la oímos y obedecemos, Dios nos respalda con milagros, señales, provisión, protección, etc. No basta con decir, yo creo en Dios y vivo por Sus principios; eso está buenísimo, hay que creer en Dios, pero también saber que Él tiene para nosotros una palabra *rhema*, específica para este tiempo. Dios le dirá el lugar donde debe ir, la persona con la que se va a casar, el negocio que debe emprender, y así, en cualquier área de su vida. La Biblia es clara: es tiempo de buscar Su rostro, Su poder y Su gloria, hasta que Él venga (Os. 10:12). No podemos parar hasta que eso suceda. Jeremías 25:4 afirma que el Señor envió a sus siervos los profetas, pero no los oímos. ¿Saben qué ocurre cuando no prestamos nuestros oídos para escuchar a Dios? Que nada importante tenemos que decir.

Leidy Ramírez, una joven de Guatemala, tiene una contundente historia que contar. Ella muestra evidencias del poder de Dios, cuando le escuchamos y obedecemos. Este es su testimonio:

"A los 15 años me detectaron Síndrome de Ovarios Poliquísticos, y se desarrolló acné en mi cara y en parte del cuello. Me dijeron que la enfermedad era incurable; ni con cirugía podrían quitar los quistes, por ser demasiado pequeños. Por un año me mantuvieron en tratamiento en base a anticonceptivos para los quistes, y cremas para la piel, pero no hacían efecto. A los 17 años mi autoestima se desmoronó. Sentía que la gente me miraba, y los niños se reían de mi rostro.

"A los 18 dejé de orar porque no veía resultados. Me daba vergüenza salir de casa con el rostro lleno de acné, y mi boca hablando muerte.

Recuerdo que un día estaba llorando de rabia porque Dios no me sanaba y al entrar a mi cuarto sintonicé Enlace TV. Estaban pasando el programa del Apóstol Maldonado, y él predicaba sobre sanidad y liberación. Él mencionó la depresión y el espíritu de muerte, y esas eran las dos cosas que me atormentaban. Cuando el Apóstol oró por las personas atadas a enfermedades, al espíritu de muerte y a la depresión, sentí que el Espíritu Santo me estaba liberando, y por la sangre de Cristo mi rostro quedó limpio, sano, sin acné, y sin quistes en los ovarios".

ACTIVACIÓN

Como a la joven del testimonio, el diablo le ha ministrado depresión, desánimo y muerte. Sin embargo, necesitamos aprender a oír la voz de Dios, para que Dios nos respalde con milagros, señales, provisión y protección. ¿Está listo para afinar su oído y escuchar la voz de Dios?

ORE CONMIGO

Señor Jesús, en esta hora cierro mis oídos espirituales a lo que el diablo y sus demonios hablan sobre mi vida. Ellos se confabulan para hacer el mal, hablar muerte, enfermedad, pobreza, depresión y ruina. Cancelo sus palabras, diagnósticos y predicciones, y oigo la voz de Dios. ¡Tú eres mi Padre! Y como a un hijo, me hablas de amor, perdón, sanidad y vida en abundancia. Te alabaré mi Dios, con todo mi corazón, y contaré todas tus maravillas. Mi testimonio exaltará Tu nombre. Amén.

86

"La liberación es una manifestación visible de que el reino de Dios está presente".

Muchas enfermedades están ligadas a una actividad demoníaca en el cuerpo, en la mente, en las emociones o en la línea sanguínea. El plan de Satanás es matar y destruir la creación de Dios, por eso trae enfermedades y plagas. Soy testigo que cuando echamos fuera demonios, la persona se sana, muchas veces al instante. La expulsión de demonios es un milagro, porque es sobrenatural. La evidencia de que el reino de Dios ha llegado a un lugar, es que hay expulsión de demonios. Cuando los demonios no huyen, significa que el Reino no está en ese lugar. Porque en la liberación ocurre un choque entre dos reinos, y el reino de las tinieblas no puede prevalecer donde está el reino de Dios. Por eso Jesús nos enseñó a orar al Padre pidiendo que venga Su Reino, y se haga Su voluntad en la tierra, como es en el cielo. Porque donde quiera que la gloria de Dios está, habrá liberación. Yo declaro ahora mismo que el reino de Dios viene sobre su vida y sobre su casa. ¡Sea libre, en el nombre de Jesús!

El Apóstol Ángel Beriau, de Paraguay, fue testigo del enfrentamiento entre el Reino de Dios y el reino de las tinieblas. Esto es lo que nos contó:

"Un día llegó a mi iglesia, en Paraguay, un famoso travesti a quien conocían como Fiorella. Venía desesperado, en busca de ayuda, porque los médicos le habían diagnosticado SIDA. Cuando lo vi, no lo podía creer. Ese travesti era realmente una mujer muy hermosa, parecía imposible que fuera un hombre. ¡Su cara, su cuerpo, eran definitivamente de una mujer! Pero el travesti aseguró que nunca se había mandado a hacer ninguna cirugía; que su cuerpo poco a poco había tomado la forma de mujer. Así que, oramos por él, y lo enviamos a bautizarse. Al salir del agua, el cuerpo y la cara del travesti habían cambiado totalmente. Los senos y los glúteos desaparecieron frente a todos, porque los espíritus hacen que esas áreas se vean voluminosas para engañar a los hombres y hacerlos caer en el homosexualismo. Para la gloria de Dios, 17 años de drogas, alcohol, homosexualismo, enfermedad y depresión, terminaron bajo las aguas. Cuando ese hombre se arrepintió y aceptó a Jesucristo, la liberación ocurrió en presencia de todos".

ACTIVACIÓN

El plan demoniaco consiste en robar, matar y destruir. Sin embargo, Dios tiene un plan divino para su vida. ¿Quiere ser libre de los ataques del enemigo? ¡Prepárese a recibir liberación!

ORE CONMIGO

Padre celestial, en el nombre de Jesús, Tu Hijo amado, destruyo todo plan del enemigo. Voy al momento mismo en que fui formado en el vientre de mi madre y me libero de sufrimientos, ofensas, enfermedades, maldiciones generacionales, e intenciones de aborto. Rompo las cadenas que me atan al pasado, a las malas amistadas y a las mala influencias. Destruyo adicciones al alcohol y drogas, así como todo lazo con el divorcio, inmoralidad sexual, condenación y culpa. Por el poder del nombre de Jesús, echo fuera de mi vida todo espíritu diabólico. Renuncio a la opresión, maldición de pobreza y fracaso. ¡Señor, que venga Tu Reino y Tu gobierno a la tierra! ¡Que Tu voluntad se haga aquí como es hecha en el cielo! ¡Soy libre, Cristo lo hizo! Amén.

87

"Cuando la presencia de Dios se manifiesta, la forma más efectiva de responder es adorándole y rindiéndose por completo a Él".

¿Qué significa esto? Dios viene donde es celebrado, no donde es tolerado. He visto personas que, cuando la presencia de Dios cae, no responden ni adoran. Para experimentar una transformación continua, debemos saber cómo responder cuando la gloria de Dios se manifiesta. No existe una fórmula, pero si nos negamos a responder cuando Dios nos visita, seremos juzgados. ¿Es posible estar en un lugar donde la gloria de Dios está presente y no saberlo? Sí, y la causa puede ser el pecado, la amargura, el resentimiento y la falta de perdón; o quizá, estamos tan envueltos en nuestros problemas que la percepción espiritual se apaga por completo. Otras veces la presencia está ahí para sanar o liberar, y la gente lo reconoce, pero nada hace al respecto. Nuestra respuesta a Dios debe ser, adorarle y decirle: "Señor, hoy recibo mi sanidad y mi liberación". Tenemos que responder ante Su presencia. Si Él es el Rey de reyes, el Dios todopoderoso, cuando Su presencia venga, debemos responder alabándole y adorándole por lo que Él es.

La mujer del siguiente testimonio, sí conoce lo que es ser agradecida con Dios. Ella sabía que la esterilidad no proviene de Él, y creyó en Su promesa. ¡Ahora es una madre feliz! Esto es lo que nos contó:

"Mi nombre es Olivia Bodau y vivo en Milán, Italia. Desde 2011 estuve tratando de quedar embarazada, pero tenía muchas complicaciones. En 2012, después de sufrir fuertes dolores de estómago, fui a ver a un médico y me hicieron muchas pruebas y ultrasonidos, y detectaron que tenía varios fibromas en el útero, lo que hacía imposible que quedara embarazada. Me programaron para una operación de miomectomía, donde los médicos iban a extirpar quirúrgicamente los fibromas del útero. Como cristiana sabía que la esterilidad no era la voluntad de Dios. Poco antes de la operación vi CAP 2014 en línea.

Sinceramente estaba preocupada por la cirugía, pero decidí poner mi fe en Dios, así que cancelé mi cita para la cirugía y confié en Él. Estaba desesperada por tener un nuevo encuentro con el Señor. Durante la conferencia, el Apóstol estaba orando por el pueblo, y de repente dijo: 'Olivia, Dios te está tocando'. ¡Eso era exactamente lo que necesitaba escuchar! A los pocos días volví al médico, y no sólo había desaparecido la obstrucción, sino que también tenía dos meses de embarazo. Solo puedo alabarlo, adorarlo, y darle gracias por lo que ha hecho por mí ¡Gloria a Dios!".

ACTIVACIÓN

¿Habrá algo imposible para Dios? ¡Nada es imposible! Confíale tus temores y tus problemas, y Él actuará.

ORA CONMIGO

Padre celestial, confieso que tengo miedo y dudas acerca de la situación que estoy viviendo. Sé que mi problema no Te es oculto, porque Tú conoces todas las cosas, y tienes todas las soluciones. Hoy, creo en Tu palabra, y en el nombre de Jesús, echo fuera todo espíritu de temor, enfermedad, abandono, duda y desesperanza. Espíritu Santo de Dios, dame consejo, guía y sabiduría para actuar como conviene. ¡Me rindo ante Ti, Dios de lo imposible! Recibo sanidad, liberación, prosperidad, paternidad, identidad de hijo de Dios, y Te doy gracias Padre, porque sé que hecho está, en el nombre de Jesús. Amén.

88

"Cuando la razón está ausente, la fe dice presente, y cuando la fe está presente, Dios actúa".

Otra forma de decirlo es que, cuando la fe está presente, la razón se ausenta, y cuando la razón aparece, la fe desaparece. La fe no puede ser demostrada, porque en la tierra impera la razón, y esta última se relaciona a hechos tangibles, que tienen que ser percibidos por nuestros sentidos. Sin embargo, para movernos en lo sobrenatural, no necesitamos los sentidos humanos, sino que lo hacemos a través de la fe. 2 Corintios 5:7 dice: *"Porque no andamos por vista, sino por fe"*. En este verso, "vista" hace referencia a los sentidos humanos: vista, oído, olfato, gusto y tacto. No caminamos guiados por los sentidos, caminamos por fe. Yo le invito a que hoy salga del bote y comience a caminar sobre las aguas. Si Dios le habló de abrir un negocio, aunque no tenga dinero ¡ábralo! Si Dios le prometió que lo iba a sanar, ¡comience a buscar y declarar su sanidad! Como acto de fe, empiece a hacer las cosas que antes no podía hacer. No busque la enfermedad, busque su sanidad. ¡Tenga fe en Dios y Él actuará!

La fe de Karla Méndez, una joven madre de Guatemala, tuvo que estirarse al máximo para ver como Dios realizaba un milagro creativo en el interior de su vientre. Este es su testimonio:

"Hace más de tres años, mientras estaba embarazada, los médicos me diagnosticaron que mi hija estaba deforme. Me hicieron un ultrasonido, y la bebé en el vientre no tenía brazos ni piernas, y su cuerpo no estaba bien formado. Eso me preocupó mucho, y junto con mi esposo fuimos desesperados a casa de mi madre para que oráramos juntos. Para mi sorpresa, cuando llegamos donde mi mamá, ella estaba viendo Enlace. En ese instante el Apóstol Maldonado estaba predicando, y de pronto dijo: 'Hay una mujer que está mirando el programa; ella está embarazada y tiene en su vientre una niña que está mal formada. Le faltan miembros de su cuerpo, pero Dios la está sanando ahora. Los huesos que le hacen falta se forman, ahora; los dedos que hacen falta se forman, ahora'. En ese instante supe que Dios me estaba hablando y creí que recibiría mi milagro. Con fe me puse la mano en el vientre y lo sentí caliente; era como si la bebé se moviera. Al siguiente día fui a hacerme otro ultrasonido y los resultados fueron normales. El radiólogo me preguntó a que había ido si mi bebé estaba bien y grande. Hace tres años mi niña nació completa y ¡es una niña sana y feliz!"

ACTIVACIÓN

Dios quiere que usted estire su fe al máximo. Así que, sin importar el problema por el que esté pasando, comience a dar pasos de fe, porque donde hay fe Dios actúa. Comience por nombrar su milagro; por ejemplo, casa propia, sanidad, un carro nuevo, un hijo, etc. Ahora imagine lo que quiere; si puede imaginarlo, Dios lo acelera para usted.

OREMOS JUNTOS

Padre nuestro, Tú eres el dador de todas las cosas; el dueño del oro y de la plata; el único Dios verdadero, vivo y sobrenatural. A Ti clamo, ¡Abba! Venga Tu Reino a la tierra; porque en el cielo no hay escasez ni enfermedades. Todo es y existe, porque Tú lo creaste. Hoy dejo de caminar por vista, y empiezo a caminar por fe. Creo en el poder creativo de Tu palabra, y sé que Tú ya proveíste para mí todo lo que necesito. ¡Absolutamente todo! Te doy gracias Padre, en el nombre de Jesús. Amén.

89

"La mayor tragedia en la vida es perder la presencia de Dios, y ni siquiera saberlo".

Mucha gente sabe cuándo la presencia de Dios viene, pero ni cuenta se da cuando se levanta. ¿Acaso es posible que Dios nos quite Su presencia? Sí, es posible. Puede ocurrir a causa del pecado, por contristar al Espíritu Santo, y tantas otras razones. Sin duda, la tragedia más grande que le puede pasar a alguien es que la presencia de Dios no esté con nosotros. Dios no nos maldice, tampoco nos envía al infierno. Basta que nos quite Su presencia para que todo nos vaya mal. Por eso, una de mis oraciones es la misma que David clamaba: Señor, *"no me eches de tu presencia, y no quites de mí tu santo Espíritu"* (Sal. 51:11). Si Tu presencia está, yo estaré feliz y contento y sé que Tú pelearás toda batalla por mí. Mucha gente, incluso entre el pueblo de Dios, necesita discernir cuando Su presencia se ha levantado. Es muy triste cómo, incluso líderes y predicadores, caminan sin la presencia de Dios. Hoy, pídale a Dios que Su presencia vuelva a venir sobre su vida.

El Pastor Nicky van der Westhuizen, hijo de un gran evangelista de Sudáfrica, había dejado de caminar en la plenitud de Dios. A la muerte de su padre, un espíritu religioso invadió su iglesia. Conozca su testimonio:

"Yo sabía que tenía que cambiar, pero no sabía cómo, hasta que un día viendo el programa del Apóstol Maldonado en televisión, él apuntó hacia la cámara e hizo esta declaración: 'Hay un pastor viendo ahora. Usted solía operar en lo sobrenatural, pero ha perdido el poder. ¡Dios lo está restaurando en este momento! Su nombre es Pastor Nicky'. Esa declaración me sacudió tan profundamente. Recuerdo que caí de la silla, llorando, ya que sabía que Dios me estaba hablando. Me arrepentí de haber apagado el Espíritu Santo en la iglesia, y desde entonces todo empezó a cambiar. ¡Ahora caminamos en el poder sobrenatural de Dios! La congregación ha crecido un 50 por ciento, porque predicamos el evangelio del Reino en el ahora, con pruebas evidentes. Incluso hemos empezado a ver y documentar milagros creativos, sanidades de cáncer, sordos que oyen, ciegos que ven, gente que es libre de deudas en veinticuatro horas, hombres y mujeres de negocios que prosperan. La transición no ha sido fácil, pero ahora predicamos y manifestamos el verdadero evangelio, con evidencias incuestionables de que Jesucristo vive, y que Su poder es real".

ACTIVACIÓN

Quizá usted ha perdido el deseo de orar, de buscar el rostro de Dios, y se está preguntando, ¿por qué está pasando esto? Tal vez siente sequedad espiritual, o apatía a la búsqueda de la presencia de Dios. Permítame decirle que esos son síntomas innegables de haber perdido la presencia de Dios. ¿Quiere salir de este atolladero?

OREMOS JUNTOS

Padre, hoy vengo ante Tu presencia, reconociendo que he dejado que el Espíritu Santo se apague en mi vida. Sé que he contristado a la tercera persona de la Trinidad. Hoy reconozco que he pecado contra Ti, y Te pido que me perdones. Yo también clamo como David tu siervo: No me eches de Tu presencia; no quites de mí Tu Santo Espíritu. ¡Vuelve a mí Espíritu de Dios! ¡Te necesito! Aviva el fuego que hay en mí, para caminar en Tu poder sobrenatural todos los días de mi vida. Amén.

90

"Debemos conocer a Dios para demostrar Sus obras".

Para demostrar a Dios tenemos que "conocerlo". Conocer a Dios significa haber tenido una experiencia con Él; de ahí que, nadie puede demostrar a un Dios que sana si él o ella no han tenido una experiencia con la sanidad divina. No podemos demostrar a un Dios que provee si no lo hemos experimentado en esa área. Por eso, donde quiera que yo voy a predicar, puedo demostrar a Dios visiblemente porque lo he experimentado. El apóstol Pablo decía que, *"ni mi palabra ni mi predicación fue con palabras persuasivas de humana sabiduría, sino con demostración del Espíritu y de poder"* (1 Co. 2:4). Cuando no tenemos una experiencia con Dios basada en lo que hemos aprendido en su Palabra, o hemos recibido en una palabra *rhéma*, lo que existe es la "letra" de la Palabra, y no el "Espíritu que vivifica". Sin embargo, cuando tenemos una experiencia directa con ese conocimiento, adquirimos mayor profundidad espiritual y podemos explicar la palabra de Dios con claridad y entendimiento. Hoy, pídale a Dios que lo lleve a vivir experiencias con Él, en dimensiones que nunca antes lo había experimentado, para así hacer cosas que nadie ha hecho.

Yulette Prasad, es el Pastor de una pequeña iglesia en Vasai, India. Después de haber recibido impartición de lo sobrenatural, ahora él sabe que, para demostrar a Dios, primero tenía que conocerlo. Este es su testimonio:

"El año pasado tuve la gran bendición de asistir a una conferencia de liderazgo en Mumbai, con el Apóstol Guillermo Maldonado. Antes de entrar a esta conferencia sabía que Dios haría algo grande en mí. Desde el primer día, cuando el Apóstol oró por todos los pastores y los activó en lo sobrenatural, sentí que un calor recorría todo mi cuerpo y caí al suelo. Ese día tuve un encuentro sobrenatural con Jesús. Pude sentir el fuego de Su presencia, y pensé que iba a explotar. Después de esa poderosa impartición, fui desafiado a demostrar el poder sobrenatural de Dios en mi propia iglesia. Ese mismo fin de semana, mientras dirigía la alabanza y la adoración, sentí que algo diferente había en la atmósfera. La gente comenzó a ser bautizada en el Espíritu Santo y ocurrieron muchos milagros. Uno de los más impactantes fue el de un hombre, a quien los cirujanos le habían implantado una placa de metal y tornillos en su cuerpo. Esto con frecuencia le causaba dolor y calambres. Sin embargo, después que oramos por él, testificó que las placas metálicas y los tornillos habían desaparecido; se habían convertido en carne y hueso, y ya no sentía dolor. ¡Gloria a Dios! ¡En la India también caminamos bajo cielos abiertos!"

ACTIVACIÓN

En la India, como en muchos lugares del planeta, las obras de Dios se están manifestando para mostrar Su poder sobrenatural, y para que quienes no creen por la predicación, crean por las demostraciones divinas.

ORE CONMIGO

Señor Jesús, en este día anhelo conocerte más, porque solo quienes te conocen pueden demostrar Tus grandes obras. Que de la relación íntima contigo salga lleno de poder sobrenatural para sanar enfermos, liberar cautivos, romper todo yugo de esclavitud del diablo y sus secuaces. Oro Señor que camino bajo cielos abiertos y libertad financiera; que yo y mi casa Te servimos; que somos una familia de Reino, y que mis hijos están sujetos, al igual que yo, a la obediencia en Cristo Jesús. Gracias Señor amado. Amén.

Si este libro es de bendición para usted, su familia o su
ministerio, le agradecemos que nos envíe sus comentarios. Si
tiene un testimonio de lo que el poder de Dios ha hecho en su
vida, puede comunicarse con nosotros al
Teléfono 305-382-3171
o escribirnos a:
http//elreyjesus.org/compartir